国家出版基金项目
NATIONAL PUBLICATION FOUNDATION

陳寶泉◎著

中國近代學制變遷史

山西出版傳媒集團
山西人民出版社

圖書在版編目(CIP)數據

中國近代學制變遷史 / 陳寶泉著. —太原: 山西人民出版社, 2014.12
(近代名家散佚學術著作叢刊 / 許嘉璐主編)
ISBN 978-7-203-08869-1

Ⅰ. ①中… Ⅱ. ①陳… Ⅲ. ①學制—教育史—中國—近代 Ⅳ. ①G529.5

中國版本圖書館 CIP 數據核字(2014)第 289753 號

中國近代學制變遷史

主　　編　許嘉璐
著　　者　陳寶泉
責任編輯　梁晉華

出 版 者　山西出版傳媒集團·山西人民出版社
地　　址　太原市建設南路 21 號
郵　　編　030012
發行營銷　0351-4922220　4955996　4956039
　　　　　0351-4922127(傳真)　4956038(郵購)
E-mail　sxskcb@163.com　發行部
　　　　　sxskcb@126.com　總編室
網　　址　www.sxskcb.com

經 銷 者　山西出版傳媒集團·山西人民出版社
承 印 廠　山西出版傳媒集團·山西人民印刷有限責任公司

開　　本　700mm×970mm　1/16
印　　張　17.5
字　　數　125千字
印　　數　1—3000冊
版　　次　2014年12月　第1版
印　　次　2014年12月　第1次印刷
書　　號　ISBN 978-7-203-08869-1
定　　價　39.00圓

《近代名家散佚學術著作叢刊》編委會

出版説明

近代名家散佚學術著作叢刊選取一九四九年以後未再刊行之近代名家學術著作共一百二十册，編例如次：

一、本叢書遴選之著作在相關學術領域具有一定的代表性，在學術研究方向、方法上獨具特色。

二、爲避免重新排印時出錯，本叢書原本原貌影印出版。影印之底本皆經專家組審定，原書字體大小，排版格式均未做大的改變，原書之序言、附注皆予保留。

三、本叢書分爲八大類，以作者生卒年編次。

四、爲使叢書體例一致，本叢書前言後記均采用繁體字排版。

五、個別頁碼較少的版本，爲方便裝幀和閲讀，進行了合訂。

六、少數學術著作原書内容有個別破損之處，編者以不改變版本内容爲前提，部分進行修補，難以修復之處保留缺損原狀。

七、原版書中個別錯訛之處，皆照原樣影印，未做修改。

八、所選版本之抽印本頁碼標注，起始至所終頁碼均照原樣影印，未重新編排標注新頁碼。

由於叢書規模較大，不足之處，殷切期待方家指正。

總序／披沙瀝金，以爲鏡鑒

◇許嘉璐

多年來有一個問題始終在我腦中盤桓：爲什麼在十九世紀末到二十世紀初，在短短的幾十年裏，中國的各個學術領域竟涌現了那麽多大師級的人物？這是中國近代史上一個極爲重要的現象，我認爲，如果不能給出令人滿意的答案，我們撰寫的近代學術史將是不完整的，甚至是缺乏靈魂的。後來我知道，著名人類學家克羅伯曾提出過一個問題：爲什麽天才成群地來？看來這種現象的出現並非中國所獨有，思考其所以然的也大有人在。而在那一次世紀之交中國的情况，似乎應驗了「天才成群地來」這個令克氏久久不解的疑問。錢學森先生曾從相反的方向提出了相同的疑問：爲什麽我們這個時代出現不了杰出人才？後來人們稱這個問題爲「錢學森之謎」。

要回答這些疑問不是件容易的事。與其迅速地囫圇地探尋，不如先多了解那些讓中國近代學術（應該包括人文科學和自然科學）史上閃耀着光輝的大師們的作品和自述，從而在腦海里盡量「復原」他們所處的環境和在那種環境下的心理路徑，從中或許可以得到一些啓示。

有一點是顯然的，這就是他們雖然都已遠離塵世而去，但是他們獨立思考的品性、求知治學的真誠、困厄窮愁中對節操的堅守，恐怕是他們共同的主觀因素，一直影響到現在，而且將會永遠留存下去。

就思想界、學術界而言，二十世紀上半葉是一個新説和舊説碰撞，中學和西學融滙的大時代。那時的學人極爲重視言行操守，同時具備現代知識分子的理想信念；他們的學術研究十分純净，絶少功利因素；他們的視界開闊，以包容的心態和嚴謹的風格造就了成果的大氣與厚重。至於在客觀因素一面，他們實際是在用工業化時代的事實解説着太史公所説的名山之作「大抵聖賢發憤之所爲作」，困厄苦難使得他們「皆意有所鬱結」。這種鬱結，幾乎和個人的名利毫無牽涉，他們永遠不能釋懷的，是民族的存亡、國運的興衰、民衆的福禍和文脈的續斷。

那個時代也是近代歷史上最大規模的中西古今學術調適、創新的時期，學術方法上的交互滲透和融合、創新亦可謂「於斯爲盛」。斯時之學人是要在封閉的屋墻上鑿出窗子的勇士，是使人能够看看外部世界的第一批導夫先路者；或者可以説，他們是在「意有所鬱結」時「彷徨」和「吶喊」的「狂人」。

相對於那時的哲人們，後來者是幸運兒。現在的形勢是，近三十年來學界空前繁榮，衆多學科有了長足之進，其中很重要的一點是學界有了更新穎、更廣闊的國際視野，似乎接續上了百年前的學壇盛事。但細想想，「古」與「今」還是有差别的。其异，主要不在於世界情勢、學術進展、工具改善這些客觀存在，而在於在廣泛吸收各國優長的同時，自身文化的主體性越來越受到重視，換言之，「拿來主義」已經延長了「拿來」的程序，加上了試用、甄别、篩選、吸收、融合、成長。就我孤陋所見，在當今地球上，面向所有異質文明，努力汲取我之所缺，其範圍之大和心態之切，似乎無出中國之右者。從這個角度説，我們已經超越了前輩。但是事情還有另外一面，學術，特别是人文學科，其職業化、「沙龍化」和功利性，以及隨之而來的浮躁病却嚴重了。從這個角度説，是不是我們已經後退得够可以的了？而這是不是我們這個時代出不了大師的原因之一呢？

民國學術界的特點之一是極爲注重對傳統的反省、批判與繼承。他們對傳統文化盡最大的努力進行整理和研究。一方面，由於戰亂頻仍，民不聊生，學者們擔起了讓中華文化薪火相傳的歷史責任；另一方面，他們要通過對中國傳統文化的整理、挖掘來重振民族自信心。這一時期對傳統文化進行整理的全面而深入是前所未有的，舉凡文字學、語言學、經濟學、法學、哲學、政治制度、書法繪畫、金石學……規模之宏大，研究之精微，令人嘆爲觀止。

民國學術推動了現代學科體系的建立。在對傳統文化整理和研究的基礎上，吸收西方的文化思想和理念，推動和建立了中國現代學科體系。例如，在對語言文字和音韵學成果進行整理、研究的基礎上開始着手規範之，建立了國語學；深入研究書法、國畫，將其融入了現代美術學科；在廢除舊有學制後逐步建立起小、中、大學較完整的科目和學科體系。

民國學術也改變了傳統學術方式，建立了新的研究範式。以現代科學考古爲發端，科研的實踐和成果使中國知識界真正認識到在實驗、比較基礎上的邏輯分析對學術研究的重要，推進了中國學術的一大演變。至於我們常説的打破士大夫傳統、走出書齋到田野鄉村和市民中進行調查研究、結束了經學時代、以歷史眼光檢視儒學和諸子等等，都是確立新學術範式的努力。這一轉變，也標誌着中國學術界脱胎换骨，全面進入了現代，爲此後的學術發展奠定了堅實的基礎。當然，西方啓蒙運動以來，在「現代性」和「現代化」裏潛伏着的缺陷和謬誤也傳到了中國，這些不能不在前哲的著作裏留下痕迹。這並不奇怪。類似的情況，古往今來孰能免之？猶如今天的我們，誰敢自稱我之所見就是永恒的真理？在這個問題上兩個時代所異者，或許就在昔時大家創立新説或譯註西學著作，往往是懷着對學術和前哲的敬畏而爲之，故而常常誤不在我；當今則往往出於對學問和他人的輕蔑，或以所研究的對象爲謀己的工具，因而難辭主觀之咎吧。翻閲他們的心血之作，這些復雜的狀況可以顯見，可以視之爲我們的一面鏡子。

滄海桑田，世事變幻，歷史的動盪和時代的遮蔽，使當年許多大師的一些極有價值的學術著作被棄於故紙堆中，不能不令人有遺珠之憾。爲此，山西人民出版社不惜以數年之艱辛，披沙瀝金，編輯出版這套近代名家散佚學術著作叢刊，凡一百二十册，計文學、史學、政治與法律、美學與文藝理論、民族風俗、宗教與哲學、經濟、語言文獻共八大類別。所選皆爲作者之純學術著作，無論是其見解、精神，抑或是其時代烙印，都是後輩學人可資借鑒的寶貴財富。他們出版這套叢書，意在讓世人不忘來程，知篳路藍縷之不易，爲民族文化的傳承再增薪木。

出版社的初衷，與我近年來所思所慮近似，故願略述淺見於書端，以與策劃者、編輯者和讀者共勉。

二〇一四年七月六日

改定於自安東回京途中

前言

◇汪高鑫

中國近代的歷史，交織着多重矛盾。有傳統社會所具有的階級矛盾，有因帝國主義入侵而激化的民族矛盾，還有新舊思想觀念的矛盾，等等。正是社會矛盾的激盪，促進了近代社會的運動、嬗變與轉型，帶動了社會各種思潮的不斷涌現，進而引發了各種史學思潮的興起和近代史學的發展。一言以蔽之，近代中國史學與史學思想的發展變化，與近代中國社會的變遷是休戚相關的。

民國時期的社會變遷與轉型，直接促成了民國史學的發展和史學觀念的改變以及史學方法的創新。縱觀民國時期社會變遷與史學的發展，大致可以劃分爲兩個時期，第一個時期從一九一二年民國成立到一九三七年抗戰爆發，第二個時期從一九三七年抗戰爆發到一九四九年新中國成立。

第一個時期，中國社會的變遷大致經歷了從中華民國建立到北洋軍閥統治、從五四運動的爆發到兩次國内革命戰争兩個階段。與此相對應，民國史學的發展也緊隨時代變化，明顯呈現出時代特徵。

在第一個階段，中國爆發了辛亥革命，結束了兩千多年的帝制統治，建立了資産階級民主共和體制的中華民國，然而資産階級臨時政府的權力很快又落入到袁世凱北洋軍閥手裏，中國政治進入了北洋軍閥黑暗統治時期。以梁啓超爲代表的一些早期提倡新史學的史家，因爲對袁世凱政府抱有幻想，而參加了北洋軍閥政府，由於忙於事務性的工作，早前由他們發動的資産階級新史學工作因此被耽擱了。這一時期新史學流派的歷史研究没有取得什麽實質性的成果。

北洋軍閥政府的獨裁統治與尊孔復古，激起了全社會的反抗，隨着維護資産階級民主共和的護國運動和護法運動的相繼開展，思想文化領域反對尊孔復古的新文化運動也於一九一五年開始廣泛開展起來，「民主」與「科學」便是這一運動所打出的旗幟。與此同時，大概自一九一六年以後，隨着一些留美、日、歐學生先後歸國，帶來了各種資産階級新思想。一時間，各種西方新學説不斷涌入，如英國羅素的社會改良主義、法國柏格森的生命哲學、德國李凱爾特的新康德主義、美國杜威的實用主義、馬克思主義，如此等等，當時中國的思想界可謂非常活躍。這些新學説、新思想的涌入，大大激發了這一時期中國史學家們的史學思想與歷史研究，各種新的史學研究方法得到介紹和提倡，史學出現了新的氣象。

從新文化運動到一九一九年五四運動時期，史學的代表人物主要有胡適、王國維、李大釗等人。胡適一九一七年留美回國後，很快成爲新文化運動的代表人物之一。在治學方法上，他將美國學者杜威的實驗主義運用到史學研究當中，於一九一九年提出了「大膽的假設，小心的求證」的治史方法和「整理國故，再造文明」的口號，發表了中國哲學史大綱這一以實驗主義研究中國歷史的示範之作，由此開啓了近代中國實證主義史學。王國維一九一六年留日歸國後，致力於甲骨文、今文和古器物考釋等的研究，一九一七年寫成的殷卜辭中所見先公先王考、殷周制度論，是考古學與歷史學相結合的開創性的研究成果。胡適與王國維等人的史學研究與方法，開創了近代中國史學研究的新範式。李大釗是近代中國第一個傳播馬克思主義的史學家。他於一九一六年留日歸國後，便積極投身於新文化運動中。當年發表了長文民彝與政治，從學理上論述如何根除帝制獨裁問題；次年發表了自然的倫理觀與孔子，對北洋軍閥政府尊孔復古進行抨擊；一九一九年在新青年上發表了我的馬克思主義觀，開始係統介紹馬克思主義史學理論，由此奠基了中國馬克思主義歷史觀。

第二個階段，爲中國兩次國內革命戰争時期。第一次國共合作北伐，取得了反對北洋軍閥統治的勝利；第二次國共内戰，其間日本帝國主義不斷擴大侵華，民族危機日益加重。盡管這一時期的中國戰亂不已，國家還面臨着嚴重的民族危機，卻是民國史學大發展時期；而造就這種大發展的原因，既有五四新學術思想的持續爆發的因素，也與二十世紀二三十年代社會變遷密不可分。

二十世紀二三十年代民國史學的大發展，突出表現在新歷史考證學上，這顯然是對五四時期開啓的實證史學的繼續和發展。一九一九年底，胡適發起「整理國故」運動，從歷史學的角度提出「整理國故」的步驟與方法，繼續宣揚他的所謂學術求真。胡適認爲，「整理國故」的目的在於學術求真，並非現實致用，並提出了「整理國故」的四個具體步驟：第一步是條理係統的整理，第二步是尋出每種學術思想發生原因和效果，第三步是要用科學的方法做精確的考證，第四步是綜合前三步的研究還他一個本來面目。應該説胡適的「整理國故」對於歷史研究有着方法論的意義。受胡適疑古實證思想影響的顧頡剛，在史學上的突出成就和影響，是提出「層累地造成的中國古史」的觀點，以及創辦古史辨，推動中國古史的研究。顧頡剛古史辨的具體成就，除去提出「層累地造成的中國古史」的命題，還揭示了三皇五帝古史係統由神話傳説層累造成，打破了民族出於一元和地域向來一統的傳統説法，以及對古書著作時代的大量考訂。顧頡剛的治史宗旨，用他自己的話來説，就是「只當問真不真，不當問用不用」（注一）。傅斯年曾經留學德國，深受西方蘭克「史料即史學」的實證主義影響。一九二八年創辦中央研究院歷史語言研究所，大力宣揚蘭克史學思想。按照傅斯年的説法，「學問之道，全在求是」（注二），一分材料只能説一分話，史學便是史料學。王國維在這一時期的歷史考證涉獵廣博，於漢晉木簡研究有流沙墜簡考釋、墜簡考釋補證和簡牘檢署考，於敦煌寫卷研究有與羅振玉合編的敦煌石室遺書，於甲骨文等古文字研究貢獻尤大。在治史方法與理論上，王國維的

「二重證據法」之「古史新證」理論，對於民國史學的影響極大。陳垣這一時期的治史集中於宗教史和文獻學。於宗教史上，從一九一七年至一九二三年，他先後發表了元也里可温考、開封一賜樂業教考、火祆教入中國考和摩尼教入中國考，合稱「古教四考」；於文獻學上，他對目録學、年代學、史諱學和校勘學等領域多有建樹。陳垣治史以重史源、講類例爲其特點。以上史家雖然治學方法與特點不盡相同，但都以考證見長。

這一時期「新史學」史家的史學研究與方法也取得了一定的成就。梁啓超這一時期的史學研究可謂多産，從一九二〇年至一九二七年，先後發表清代學術概論、先秦政治思想、中國歷史研究法及補編、中國近三百年學術史和古書真僞及其年代等，治史重點在學術史與方法論。與當年發起「新史學」相比，梁氏這一時期的史學研究呈現出廣疏多變的特點。何炳松在「新史學」思潮中可謂獨樹一幟，他於二十世紀二三十年代中國史學界的最大影響，便是對魯濱遜新史學的介紹和評論。何炳松係統闡發了「新史學」的「綜合史觀」，主張歷史研究要反映人類活動的全部，史學研究的方法應該多元化，如統計學的方法、生物學的方法等等，要綜合利用各種學科的成果特别是新學科的進展開展歷史的研究，並表達了對於歷史學的意義、價值和發展前景的看法。

與此同時，這一時期的馬克思主義史家對歷史學的研究繼續做出了貢獻。一九二四年，李大釗出版史學要論，運用唯物史觀對歷史、歷史學、歷史學的係統、史學在科學中的地位、史學與其他相關學科之間的關係、現代史學的研究及於人生態度的影響等史學基本理論問題作了闡述。一九二七年大革命失敗後，一些關注中國前途與命運的學者受到困惑，於是一場關於中國社會性質的大論戰逐漸開展起來。馬克思主義史家積極參與其中，郭沫若便是其中的杰出代表。一九三〇年，郭沫若出版了中國古代社會研究一書，這是民國時期中國第一部運用唯物史觀分析、解剖中國古代社會的著作。該書以物質資料生産方式的發展和變革來解釋中國古代社會歷史發展的全過程，論證中國歷史發展與世界歷史發展的共同性，對中國古史分期提出了自己獨創性的看法。參與社會史大論戰的馬克思主義史學家還有吕振羽、何幹之、翦伯贊、侯外廬、鄧拓等人。但總體來看，與歷史考證學派相比，這一時期的「新史學」派和馬克思主義史學派並不佔據主流。

第二個時期，中國經歷了抗日戰争和解放戰争，民國史學在這個時期的表現有兩個顯著特點：其一是緊緊服務於抗戰的需要而出現的抗戰史學；其二是馬克思主義史學得到了迅速發展，逐漸形成自己的革命史學體係。

抗日戰争的爆發，引起了中國史學界巨大的震撼。面對中華民族出現前所未有的嚴重危機，在第一時期佔據史學主流地位的新考證學派史家，他們過去那種一味重視學術求真，而不講究學術致用的治史價值取向，在這時發生了重大改變，開始以史學積極服務於抗戰。早在九一八事變以後，面對中華民族的危機，顧頡剛、傅斯年、陳垣等考證學派史家就開始拿起自己的史筆，積極投身於抗日救亡的時代大潮中。顧頡剛一九三四年創辦禹貢半月刊，開始高舉愛國主義的民族主義旗幟。之所以要以「禹貢」爲刊名，按照顧頡剛的説法，是「今日談起禹域，都會想起『華夏之不可侮與國土之不可裂』」（注三）。很顯然，禹貢半月刊的宗旨，便是要通過對於邊疆歷史地理的研究，激發全民族抵抗日本帝國主義侵略的熱情與决心，以達到維護祖國領土完整的目的。傅斯年在九一八事變後，出版了東北史綱，以大量史實論證東北自古以來就是中國的固有領土，對日本帝國主義御用歷史學家的種種歪曲史實的謬論予以駁斥。全面抗戰爆發後，傅斯年又寫了中國民族革命史一書，雖然是未完稿，卻已經表達了他的民族思想。該書以歷史爲依據，充分論證了中華民族的同一性、整體性和不可分割性，因此，在面對日本帝國主義侵略中國的嚴重危機的緊要關頭，中華民族應該團結起來共同禦侮，要發揚中華民族百折不撓的精神，樹立起中華民族抗戰的必勝信心。陳垣在新中國成立後給友人的書信中講到了九一八事變後他的治史取向的轉變：「九一八以前，爲同學講嘉定錢氏之學；九一八以後，世變日亟，乃改顧氏日知録，注意事功，以爲經世之學在是矣。」（注四）抗戰爆發後，陳垣當時身陷淪陷區，卻堅持以史學爲抗戰服務，其中最具代表性的史著便是「宗教三書」和通鑑胡注表微。所謂「宗教三書」，是指明季滇黔佛教考、清初僧諍記和南宋初河北新道教考，雖然講的是宗教，卻表現了愛國的民族情操。明季滇黔佛教考是表彰明末遺民的愛國精神與民族氣節；清初僧諍記是通過宗教史的研究，來揭露變節者、抨擊賣國求榮的漢奸；南宋初河北新道教考也是用以表彰抗節不仕之遺民。通鑑胡注表微是陳垣最具代表性的史學著作，也是一部關注現實的史著，書中表現出了陳垣對歷史前途和民族命運的思考。錢穆在抗戰時期的史學研究，愛國的民族主義色彩也非常濃厚。一九三七年，錢穆寫成了與梁啓超同名史著中國近三百年學術史。該書以思想文化爲基礎和綫索，以學術傳承爲核心，通過史實證明中國傳統文化的優越性，旨在提醒國人要重視挖掘中國傳統文化的長處和價值，持守中國傳統文化的精神，保持一種民族的自信心。毫無疑問，這種民族自信對於全民族團結抗戰是非常必要的。一九四〇年，錢穆多年國史教學講義國史大綱出版。該書以「國史」作稱謂，反映了作者作史的民族國家本位意識。錢穆明確指出：「治國史之第一任務，在能於國家民族之内部自身，求得其獨立精神之所在。」（注五）該書的具體内容也充分體現了這一精神，它將文化、民族與歷史三者結合起來對中國歷史加以考察，認爲這種歷史發展過程即是民族文化精神的演進過程，歷史研究的目的不僅在於弄清楚歷史的真實，更重要在於弄清楚歷史背後蘊藏的民族文化精神，從而積極地去傳承這種民族文化精神。

當然，新考證學派史家開始轉向經世致用，只是治史的價值取向發生了變化，並不等於放棄了一貫的注重考證的治史方法。相反，在民國後期，這種治史方法還得到了發展，并且取得了很多重要成果，陳寅恪的詩文箋證和「民族文化之史」的論述便是典型代表。陳寅恪屬於考證學派代表人物之一，這一時期出版的隋唐制度淵源略論稿和唐代政治史述論稿是其考證隋唐史的力作。陳寅恪對於史料的運用有自己獨到的見解，認爲史家之於史料應該善於審定，辯證地看待真僞；同時要善於利用史料，詩詞、小説，以及裨史、筆記等，都可以用做歷史研究的材料，這顯然是一種「通識」的史料觀。陳寅恪詩文箋證的治史方法，即是在這種史料觀的指導下産生的，具體做法是以歷史記載去箋證詩文，同時詩文又可用以證史、探討史事，從而開闢出了一條新的證史路徑。一九五〇年出版的元白詩箋證稿，以及晚年寫成的巨作柳如是别傳，便是運用這種方法的代表作。陳寅恪關於「民族文化之史」的論述，其基本内涵包括政治制度、社會習俗、學術思想、文學藝術。陳寅恪的歷史觀念，是要以民族文化爲根基，同時吸收外來學説，由此構建起本民族思想文化體係；而不談經濟基礎的作用，則是其歷史觀念的局限性。

這一時期的中國馬克思主義史學家，不但積極投身於抗戰史學當中，爲全民抗戰進行歷史研究，而且把歷史研究與當時的革命鬥争相結合，逐漸形成了馬克思主義的革命史學。縱觀這一時期中國馬克思主義史學研究，主要在以下三個方面取得了顯著成就：其一是社會史研究，代表史家有吕振羽、鄧初民、侯外廬等人。吕振羽於一九四二年出版了中國社會史諸問題，該書是對二十世紀二三十年代中國社會史問題論戰的一個較爲係統的總結，正如作者在新版序言中所説，該書「反映了中國新史學在歷史科學戰綫上的鬥争過程中的若干情況，也反映了有關各派對中國史問題的基本立場、觀點、方法及其在一定時期的發展過程，可作爲中國馬克思主義史學史的參考資料」。鄧初民於一九四〇年和一九四二年分别撰寫出版了社會史簡明教程和中國社會史教程，兩書運用馬克思主義唯物史觀，分别論述了人類社會歷史的發展過程及其規律和中國社會歷史的發展過程及其規律。在中國社會史教程一書中，鄧初民指出了中國社會發展的前途是光明燦爛的，我們應該要「努最後必死之力，加以争取」。侯外廬於一九四七年出版了中國古代社會一書，内容涉及生産方式、政治結構、階級關係、國家和法以及道德起源等問題，見解頗爲深刻。總體來説，這些社會史著作可以被看作是二十世紀二三十年代社會史大論戰的總結、延續和深入。

其二是通史研究。這方面的成就尤爲突出，呂振羽的簡明中國通史、范文瀾的中國通史簡編和翦伯贊的中國史綱都是這一時期的通史名作。呂振羽於一九四一年出版簡明中國通史上册，如同其出版序言所説，該書「與從來的中國通史著作頗不同」，這種「頗不同」主要表現在它「把中國歷史作爲一個發展過程在把握」，「還盡可能照顧到中國各民族的歷史及其相互關係」。一九四八年出版下册，在跋語中作者申明該書的基本精神是「把人民歷史的面貌復現出來」。范文瀾於一九四二年出版了中國通史簡編，該書的基本精神旨在將歷史研究與中華民族的前途相結合，如同作者在上册序言中所説的，「我們要瞭解整個人類社會的前途，我們必須瞭解人類社會過去的歷史；我們要瞭解中華民族的前途，我們必須瞭解中華民族過去的歷史」。這也正是中國通史簡編撰寫的初衷。本着這樣一個目的，該書的編寫運用馬克思主義觀點，肯定勞動人民的歷史作用，重視探尋社會發展的規律，注意分析階級鬥争的本質，積極反映生産鬥争的面貌。翦伯贊於一九四三年和一九四六年分别出版了中國史綱第一、二册，該書運用馬克思主義觀點，剖析了商周社會性質以及戰國秦漢社會性質的轉變，注意將中國歷史置於世界歷史的大背景下進行考察，在研究方法上重視以考古材料與文獻資料相結合。

其三是思想史研究，代表史家有呂振羽、何幹之、侯外廬等人。呂振羽於一九三七年出版了中國政治思想史，這是我國第一部運用馬克思主義理論論述中國政治思想的著作。撰述的初衷，是針對陶希聖的同名著述，可以被視爲社會史論戰的延伸。作者解釋所謂的政治思想史，「本質上係同於社會思想史」。全書按社會性質及其發展階段，對上自商朝下至鴉片戰爭前的中國政治思想史作了係統論述。何幹之於一九三七年出版了近代中國啓蒙運動史，該書重視將思想運動和社會的經濟結構、政治形態聯係在一起來進行研究，肯定評價各種思想文化必須運用「歷史的眼光」，把思想文化放在特定的歷史環境中進行考察、分析和評價。侯外廬關於思想史的研究建樹最多，他於一九四四年出版了中國古代思想學説史，具體探討了歷史演進與思想發展、新舊範疇與思想變革、思想發展過程與時代個别學説、學派同化與學派批判、學説理想與思想術語、現實與遠景等等的關係，見解深刻；一九四五年出版了中國近世思想學説史，這是一部論述十七世紀至二十世紀中國思想學説發展史的著作，以十七世紀爲啓蒙思想期、十八世紀爲漢學運動期、十九世紀以後爲西學東漸期做劃分；一九四七年主持編寫出版了中國思想通史第一卷，該書編寫的主旨思想，作者在出版序中説，是「特在於闡明社會進化與思想變革的相应推移，人类新生與意識潛移的聯係」。

如果説五四運動以來至抗戰以前的中國馬克思主義史學的傳播主要還只是李大釗、郭沫若等少數人的努力的話，那麽隨着抗日戰争爆發，這樣的局面得到了很大的改觀，馬克思主義史學在此後得到了迅速發展。隨着馬克思主義史學家們在史學研究各個領域的全面開展，并且取得了許多重要的研究成果，一種新的「革命史學」體係便逐漸建立起來了。這種「革命史學」爲抗日戰争和全國解放戰争的勝利做出了重要貢獻，成爲中國共産黨領導的中國革命事業的重要組成部分。

縱觀民國時期史學的發展，明顯呈現出以下特點：首先是階段性。民國史學如同民國社會一樣，處在不斷的嬗變當中，故而呈現出明顯的階段性特點。這種階段性，大致可以分爲民國建立前後從傳統史學向新史學的轉變，五四時期及此後新史學向考證史學（廣義而言考證史學也屬於新史學）的轉變，抗戰時期考證史學向經世史學的轉變，從抗戰到解放戰争時期，馬克思主義革命史學迅速發展。

其次是經世性。民國史學的嬗變，呈現出階段性特點，又是與史學發揮其經世功能緊密相連的。五四新考證學派史學雖然標榜自己的學問「只當問真不真，不當問用不用」，其實他們的考證史學是與五四新文化運動提倡的科學精神分不開的。新考證史學雖然有傳承乾嘉治史方法的因素，更有學習西方，希望建立科學的史學的願望所在。正如顧頡剛所説的，「五四運動以後，西洋的科學的治史方法，才真正傳入，於是中國才有科學的史學可言」（注六）。這種科學的史學，與當時建立科學、民主的中國的社會訴求是相一致的，其實也是具有經世的内蘊於其中的。抗戰時期，包括實證主義和馬克思主義等在内的史家都積極投身於宣傳民族文化當中，則是與當時的救亡圖存聯係在一起的，這種史學經世直面社會問題、直面民族危機，其方式當然更加直截了當。毫無疑問，民國史學在其不同階段，整體上都没有脱離經世的主旨，這也是中國史學的優良傳統。

再次是流派多。這一時期的史學流派可謂异彩紛呈，有新史學派、國粹派、新考證學派、馬克思主義學派等等。每一學派下面又可具體劃分出具有不同特點的派别，如新考證學派雖然都以考證見長，但他們的學術風格還是不盡相同的，據此又可細劃出以胡適爲代表的實證派、顧頡剛爲代表的古史辨派、傅斯年爲代表的史料學派、王國維爲代表的考古派等等。一些學者根據各自不同的標準，對民國史學流派作了不同的劃分，如有信古派、疑古派與釋古派之分，有傳統派、革新派與科學派之分，有考據學派、唯物史觀派和理學派之分，有掌故派、社會學派之分，如此等等，不一而足。

總體來看，民國史學影響最大者，莫過於新考證學派和馬克思主義學派，抗戰以前以新考證學派最盛，抗戰以後馬克思主義學派得到迅速發展。這些史學流派的史學理論與方法，迄今依然成爲我們歷史研究的重要範式。

近代名家散佚學術著作叢刊選取了一九四九年以後未再出版的十六部民國時期的史學著作進行重刊，它們分別是朱謙之的扶桑國考證、魏應麒的中國史學史、衛聚賢的中國考古小史、陳伯瀛的中國田制叢考、謝國楨的清初流人開發東北史、張鵬一的唐代日人來往長安考、鍾歆的揚子江水利考、梁盛志的漢學東漸叢考、顧頡剛、楊尚奎的三皇考、陶棟的歷代建元考、陳述的契丹史論證稿、陳寶泉的中國近代學制變遷史、陳里特的中國海外移民史、鄭鶴聲的史漢研究、章中如的清代考試制度資料和郭伯恭的永樂大典考。之所以重刊這批史學著作，是看到了它們在今天依然有其學術價值所在。作爲一份豐厚的史學遺産，值得我們去加以發掘和繼承。

從所選十六部史學作品來看，明顯打上了民國史學的時代烙印，體現了民國史學的時代特徵。首先，研究内容涉獵廣博。涉獵廣博，是民國史學的基本特點，反映了民國史家學術視野的開闊。選擇重刊的雖然只有十六部史著，涵蓋面卻非常廣博，有史學史方面的，如中國史學史、史漢研究；有學術史方面的，如漢學東漸叢考、永樂大典考；有教育史方面的，如中國近代學制變遷史、清代考試制度資料；有經濟史方面的，如中國田制叢考、揚子江水利考、清初流人開發東北史；有考古史方面的，如中國考古小史；有民族史方面的，如契丹史論證稿；有中外交往史方面的，如扶桑國考證、唐代日人來往長安考、中國海外移民史；還有名號、年號史方面的，如三皇考、歷代建元考等。這樣的全方位的歷史研究，是民國史學的一個縮影。

其次，治學方法重視考證。重視考證，是民國史學的顯著特點。在十六部史著中，除去魏應麒的中國史學史、衛聚賢的中國考古小史、陳寶泉的中國近代學制變遷史、陳里特的中國海外移民史、鄭鶴聲的史漢研究和章中如的清代考試制度資料等六部外，其他十部都是考史著作。涉及的考證領域很廣，有國名、田制、開發、交通、水利、學術、名號和學制等等。在具體考證上，重視方法的運用。如朱謙之的扶桑國考證，按照作者自己在自序中所説，該書是「從文獻學、民俗學、考古學三方面的史料搜集和批評的結果」，這裏既是講史料搜集問題，也是講歷史考證方法。又如陳伯瀛的中國田制叢考，作者也在自序中交代了其作史、考史方法：首在網羅放失，整輯舊聞；次在探究原本；三則覆核名實；四則辨正事蹟；五則鑒古度今。可見該書對廣占資料、辨證核實的重視。

再次，治學宗旨强調致用。經世致用，是民國史學的重要特點，抗戰以後的史學表現尤其突出。所選十六部史著，也體現了重視經世致用的特點。如陳伯瀛之所以要撰述中國田制叢考，按照作者的解説，是因爲田制與農人、社會和國家休戚相關。該書「敍引」就説，田制影響農人生計，農人生計又會影響到社會秩序與和平。又如鍾歆的揚子江水利考，作者在該書「敍言」中論述了撰述該書的原因：一方面民國以前揚子江鮮有水患，所以過去這方面的論著很少；另一方面民國以來的數十年間，揚子江水患頻發，國家需要計劃治理，而治理水灾，就必須要先瞭解水文歷史。很顯然，該書是爲了治理揚子江水患的需要而撰寫的，經世意圖非常明顯。再如陳寶泉作中國近代學制變遷史，其實是藴含了作者教育救國的思想於其中的。在該書自序中，作者明確指出學制與人才問題關係到國家興亡的根本。他有感於當時各國教育制度的日新月異，而中國卻没有關於教育制度的專書作比較，致使切合國情的新的教育一時無由發現。他撰寫該書的目的，便是希望通過總結近代中國學制的變遷，找尋出一種更加適合當時中國需要的新的學制。

最後，歷史見解精辟獨到。如朱謙之扶桑國考證考證扶桑國爲何處，這是對當時世界史學界討論的一個熱點問題的積極回應。自從一七六一年法國人歧尼（De Guignes）發表中國人之美洲海岸航行及住居亞洲遠東之幾個民族的研究，提出扶桑爲美洲墨西哥説以來，引起了世界史學界的長期大討論，基本觀點無非有肯定與否定兩種，否定中又有扶桑國爲日本和樺太的不同説法。朱謙之依據文獻、民俗和考古資料，比較了世界史學界諸說的異同和存在的問題，得出了扶桑即美洲墨西哥的結論，不但駁斥了扶桑非美洲說的觀點，而且對美洲說也作了補充論證，更有說服力。又如魏應麒的中國史學史的問世，按照作者的說法，是「前無作者」的史著，卻表現得非常成熟。該書對中國史學的特質與價值、史籍的位置與類別、史館建置與職守、史學發展之情形、史書體裁之發展、史學理論與方法之運用等等，都提出了自己的見解，即使在今天，也不失爲有創見的反映中國史學史的著作。又如顧頡剛、楊尚奎的三皇考，這是民國考證派史學的代表作之一。在該書中，作者對「皇」、「三皇」、「太一」等相關概念作了係統闡釋，對三皇說與太一說的消長及其相互關係進行了論述，對與三皇相關的伏羲、盤古、女媧等古聖王的地位變化作了考察，對三皇、太一在道教中的地位作了說明，對歷史上關於三皇的信仰與祭祀情況作了梳理，并且旁及河圖洛書、三墳五典等等內容。這樣一個係統的考察，旨在論證「三皇」傳說只是托古改制的産物，認爲民族自信力應該建立在理性上，而不是虛假的三皇上。書中闡發的觀點，在當時史學界有很大的影響。應該說所選十六部史著，都是作者的心得之作，這裏不一一贅言。

挖掘、清理和總結民國史學，對於我們全面認識和係統借鑒民國史學，推動新時期中國史學與史學思想的發展是很有裨益的。借此對主持重刊工作的山西人民出版社表達一個史學工作者的由衷敬意！

二〇一四年五月於北京師大京師園

注一　當代中國史學，遼寧教育出版社一九九八年版，第一百五十三頁

注二　史料論略及其他，遼寧教育出版社一九九七年版，第二百頁

注三　禹貢四卷十期，禹貢學會募集基金啓事

注四　陳智超陳垣來往書信集，上海古籍出版社一九九〇年版，第二百一十六頁

注五　國史大綱，商務印書館一九九四年版，第十一頁

注六　當代中國史學，遼寧教育出版社一九九八年版，第二頁

作者簡介

陳寶泉（一八七四年—一九三七年），字筱莊、小莊、肖莊，中國近代教育家，天津人，是我國教育近代化進程中偉大的愛國者和拓荒者。從書刊編輯、小學教師到大學教授，從直隸學校司、清廷學部到中華民國教育部，再到河北省教育廳，他是能够與時俱進的教育家，服務於教育界近四十年，對近代中國的教育改革和發展做出了突出貢獻。

自序

一國學制之良楛人材之消長國家之興替係焉其事可謂重矣以賓泉之學識簡陋何敢有所述作惟因居常從事教育屢與教育專家相過從咸以各國教育制度雖日新月異而中國之教育制度向無專書不得有所比較遂致切合國情之新教育一時無由發見以泉服務教育界多年聳恿有所敘述以資考鏡適北京師範大學有中國近代學制一門約泉主講泉不自揣以自前清學部設立之始即從嚴範孫侍郎執末役民國以來更得蔡孑民范靜生兩先生之委任迭長北京高等師範及教育部普通司其間兼任北京教育會長自中央教育會至第十一次全國教育聯合會殆靡役不從廿年萬事塡積胸中亦何妨聽同仁之勸告有所貢獻故自乙丑至丁卯著手編輯此書凡三易稿始底於成誠知掛一漏萬嗣後尚應增入事實以補其闕然而我國興學數十年之梗概亦略具於此矣再予編此書得張耀翔查勉仲兩先生之助力爲多特爲聲謝又張星五太史從事清史館教育志時促泉於清代教育有所述作以免湮沒尤能提振予之興味云

中華民國十六年夏五月筱莊氏陳寶泉自序於北京退思齋

凡例

一本編取材見知者居十之七八聞知者居十之二三頗可供將來修近代教育史者信實之參考

一近代教育思潮於教育關係至鉅以非學制範圍內事未敢闌入擬再輯近代教育思潮史一書以便互相印證若有同志爲之尤所祝禱

一本編詳於中央略於各省因前清奏定學堂章程各省通行出入甚鮮民國以來學制雖難統一然賴有全國教育會聯合會之議案頗可代表各省區之意見故擇要采入以免偏而不全之弊

一本編由講義而成隨編隨印錯誤在所不免如蒙大雅君子加以糾正實所感盼

近代學制變遷史　目次

第三期　奏定學堂章程時期

第五期　學校系統改革案頒布時期

近代學制變遷史

序說

我國敎育制度之淵源。發端最早。舜命契爲司度、敷五敎，命夔典樂敎胄子。命伯夷爲秩宗、典三禮。命棄爲后稷、敎稼穡。而古代學校則有虞庠、夏校、殷序、等制。逮成周以降。文物之盛。甲於往古。有立敎之宗旨。有施敎之方法。有敎育之種類。復分大學、小學、及女子敎育、等制。雖謂歐美最新之學制。已實現於我國成周時代。無不可也。逮秦以來。絃歌中輟。漢則重博士選舉。魏晉以九品官人。自隋唐逮前清。專以科舉取士。雖各代均有學校之名。其實第爲粉飾之具。故欲考現代學制之來源。不過五六十年間之近事。即清季至今日是已。

近代學制之變遷。約可分爲五個時期。一無系統的敎育時期。（注重實用）二欽定學堂章程時期。三奏定學堂章程時期。四民國新學制頒布時期。五學校系統改革案頒行時期。茲擬就此五個時期。分期序述。大致有系統的學校組織。實始於欽定學堂章程。自此逐漸改革。終順乎世界敎育之潮流而已。

本書所述。以關於章程組織者爲限。至於學風之遞禪。不復詳列。然就學制之變遷觀之。亦可以略窺各時期教育界之思想焉。

第一期　無系統的教育時期

一概說

我國興學之動機。不得不謂緣於對外。蓋自五口通商、英法聯軍之役以來。政府對待外人。幾視爲唯一棘手之事。加以外交重任。均假手通事。此輩無學而重利。往往以細微之事。釀成重大之交涉。當時社會約有兩種覺悟。一則知通事之不可恃。急應養成翻譯之人才。一則震於西人之船堅砲利。急應養成製造船械及海陸軍之人才。故其時首先設置之學校。

一京師同文館

京師同文館之設置。由於總理各國事務衙門之陳請。創始於前清同治元年。其始止於教授各國語言文字而已。逮同治六年。總理衙門又請於同文館內添設算學館。其時京內官僚。嘗於時務。反對之論鋒起。即其原疏觀之。亦可略知其梗概也。

原疏略云。「此次招考天文算學之議。並非務奇好異。震於西人術數之學。蓋以西人製器之法。無不由度數而生。今中國議欲講求製造輪船機器諸法。苟不藉西士爲先導。俾講明機器之原。製作之本。竊恐師心自用。無裨實際。論者不察。必有以臣等爲不急之務者。必有以舍中國而法西人爲非者。甚且有以中國之師法西人爲深可恥者。此皆不識時務之論也。夫中國之宜謀自强。至今而亟矣。識時務者。莫不以採西學製洋器爲自强之道。疆臣如左宗棠、李鴻章、皆深明其理。堅持其說。西學之不可不急爲肄習。固非臣等數人私見矣。至以舍中國而法西人爲非。亦臆說也。查西說之根源。實本於中術之天元。彼西士目爲東來法。其實法固中國之法也。且西人之術。聖祖仁皇帝深韙之矣。當時列在臺官。垂爲時憲。本朝掌故。亦不宜數典而忘。若夫以師法西人爲恥者。其說尤謬。夫天下恥莫恥於不若人。查西洋各國數十年來。講求輪船之製。互相師法。製作日新。東洋日本。近亦遣人赴英國。學其文字。習其象數。爲仿造輪船張本。不數年後亦必有成。西洋各國無論矣。若夫日本蕞爾國耳。尚知發憤爲雄。中國狃於因循積習。不思振作。恥孰甚焉。今不以不如人爲恥。而獨以學其人爲恥。將安于不如而終不學。遂可雪其恥乎哉。或謂製造乃工匠之事。儒者不屑爲之。查周禮考工一記。所載皆梓匠輪輿之事。數千百年。黌序奉爲經術。其故何也。總之學期適用。事貴因時。外人之物議雖多。當局之權衡宜定。謹酌擬章程六條。恭候欽定。再編檢庶吉士等官。學問素優。差使較簡。若令學習此項天文算學。程功必易。又進士出身之五品以下京外各官。與舉人五項貢生。事同一律。應請一併推廣招考云云。」

其同文館之章程六條大意如左

一　專取正途人員。如舉人及恩拔副歲優貢生。並由此出身人員等。又擬推廣。凡翰林院庶吉士編修檢討。與五品以下由進士出身之京外各官。其年在三十歲以內者。均可送考。如有平日講求天文算學。自願來館學習。亦可不拘年歲。

二　各員無論京外。一概留館住宿。其有應送差使及考試等事。仍准照舊辦理。

三　按月出題考試一次。分別甲乙。優者記功。劣者記過。

四　每屆三年。舉行大考一次。分別等第。高等者酌量差遣試用。下等者照常學習。

下屆再考

五　每月加給薪水銀十兩。

六　三年試居高等者。除第四條外。照准各按升級格外優保班次。

二上海廣方言館

廣方言之設創。始於同治二年。入奏者爲江蘇巡撫李鴻章等。原奏略云「京師同文館之設。實爲良法。惟是洋人總滙之地。以上海廣東兩口爲最。臣擬仿照同文館之列。於上海添設語言文字學館。選近郡年十四歲以下、資稟穎悟、根器端靜之文童。聘西人教習。兼聘內地品學兼優之舉貢生員。課以經史文藝。學成之後。送本省督撫考驗。請作爲該縣附學生。其候補佐雜等官。有年少聰慧願入館學習者。由同鄉出具切結。送局一體教習。學成後亦酌給升途。均由海關監督督籌試辦。三五年後。有此一種讀書明理之人。精通番語。凡通商督撫衙門及海關監督。應添設繙譯官承辦洋務者。即於學館中遴選承充。庶關稅軍需可期核定。而無賴通事。亦少斂迹矣。夫通商綱領。固在總理衙門。而中外交涉事件。則兩口轉多。勢不能以八旗學生兼顧。須多途以取之。隨地以求之云云」。旋奉上諭。「廣州將軍查照辦理」至廣方言館章程。計分九條。一辨志。二習經。三習史。四講習小學。五課文。六習算。七考核日記。八求實用。九學生分上下兩班。蓋當時反對西學者甚多。故習方言者。於經史小學。反特注意。亦當局者調和之苦心耳。

此外又有湖北自強學堂。原分方言格致算學商務四門。其招生、惟方言一齋。住堂肄業。餘三齋按月考課而已。仍是書院舊制。逮後算學一門。改歸兩湖書院教授。格致商務兩門停課。本堂專課方言一門。以為西學之梯階。方言分為英法德俄四門。蓋亦同文館一類之學堂也。

三　派遣學生出洋留學

是議創始于曾國藩。其與李鴻章合奏擬選聰穎子弟出洋習藝疏、略云。「臣國藩與洋務會辦丁日昌商權。擬選聰穎幼童。送赴泰西各國書院學習軍政船政步算製造諸書。約計十餘年。業成而歸。然後可以圖強。且謂攜帶幼童前赴外國者。加四品卿銜刑部主事陳蘭彬。江蘇候補同知容閎。皆可勝任等語。臣國藩深韙其言。

曾於上年兩次附奏在案。臣鴻章復往返函商。竊謂自斌春志剛及孫家穀兩次奉命游歷各國。於海外情形。亦已略窺要領。如輿圖算法步天測海造船製器等事。無一不與用兵相表裏。凡遊學他國得有專長者。歸即延入書院分科傳授精益求精。其於軍政船政。直視爲身心性命之學。今中國欲倣其意而精通其法。則當此風氣既開。似宜亟選聰穎子弟。携往外國肄業。實力講求。查美國新立和約第七條內載嗣後中國人欲入美國大小官學學習各等文藝。須照相待最優國人民一體優待。又美國可以在中國指准外國人居住地方。設立學堂。中國亦可在美國一體照辦等語。本年春間美國公使過天津時。臣鴻章面與商及。允俟知照到日。即轉致本國妥爲照料。三月英公使來津接見。亦以此事有無相詢。臣鴻章當以實告。意頗允許。亦謂先赴美國學習。英國大書院極多。將來亦可隨便派往。此固外國人所深願。似於和好大局有益無損。伏思外國所長。既肯聽人共習。志剛孫家穀又已導之先路。計由太平洋乘輪船逕達美國。月餘可至。當非甚難之事。或謂天津上海福州等處已設局仿造輪船鎗砲軍火。京師設同文館。選滿漢子弟。延西人教授。又上海開廣方言館選文童肄業、似中國已有基緒。無須遠涉重洋。不知設局製造開館教習。所以圖振奮之基也。遠適肄業。集思廣益。所以收遠大之效也。西人學求實濟。無論爲士爲工爲兵。無不入塾讀書。共明其理。習見其器。躬親其事。各致其心思巧力。遞相師授。期於月異而歲不同。中國欲取其長。一旦遽圖盡購其器。不惟力有不逮。且此中奧窔。非遍覽久習。則本原無由洞徹。而曲折無以自明。古人謂學齊語者。引而置之莊嶽之間。又曰百聞不如一見。比物此志也。況誠得其法。歸而觸類引伸。視今日所爲孜孜以求者。不更擴充於無窮耶。惟是試辦之難有二。一曰選材。一曰籌費。蓋聰穎子弟。不可多得。必其志趣遠大。名質樸實。不牽於家累。不入於紛華者。方能遠遊異國。安心學習。則選材難。國家帑藏。歲有常額。增此派人出洋肄業之款。更須措辦。則籌款又難。凡此二者。臣等深知其難。第以及今以圖。庶他日繼長增高。稍易爲力。爰飭陳蘭彬容閎等。悉心酌議。擬派員在滬設局。訪選沿海各省聰穎幼童。每年以十三名爲率。四年計百二十名。分年搭船赴洋。在外國肄習十五年後。按年分起挨次回華。計回華之日。各幼童不過三十歲上下。年力方强。正可及時報效。聞前閩粵子弟亦時有赴洋學習者。但止圖識粗淺洋文洋話。以便與洋人交易。爲衣食計。此則入選之初。愼之又愼。至帶赴外國。悉歸委員管束。又有繙譯教習隨時課以中國文義。俾識立身大節。可冀成有用之材。至於通計費用。首尾二十年。需銀百二十萬兩。然此欵不必一時湊撥。分折訂之。每年接濟六萬。尙不覺其過難。除初年盤川發給委員攜帶外。其餘指有定欵。按年預撥。事亦易辦。總之圖事固不能予之甚吝。而遽望之甚賒。況遠適異國。儲材備用。不可以經費偶乏淺。嘗中輟。謹將章程十二條呈覽。懇飭下江海關於洋稅項下按年指撥。恭候命下。臣等即設局挑選云云。

四　福建船政學堂及北洋水師學堂武備學堂

福建船廠。創始於同治五年。爲左文襄公所建議。並設隨廠學堂。堂設船隝之東北。學堂分爲二。一爲前堂、習法文。謂之法國學堂。練習造船之術。一爲後堂、習英文。謂之英國學堂。練習駕駛之術。其課程除造船駕駛應習之常課外。並令讀聖諭廣訓、孝經、兼習策論。以明義理。開始總船政者。爲沈文肅公葆楨。規畫深遠。視學堂甚重。其就任摺內有云「船廠根本在於學堂。同治十二年所奏船工善後事宜摺內。

規定於閩廠前後學堂選派學生分赴英法兩國、學習製造駕駛之方。及推陳出新之法。留學年限。自三年至五年。其中有天資傑出、能習礦學化學及交涉公法等。均可隨宜肄業云。」故船政學堂所養成之人材。實爲我國海軍人材之發源點。以學堂設於馬尾。故日後海軍將領亦以福建人爲最多。其人材之領袖。如劉步蟾林泰曾嚴復薩鎮冰等。則皆前後堂之出洋學生錚錚有聲者。逮北洋開辦水師學堂海軍管轄權。漸漸移于李忠文公之手。船政學堂亦稍稍微矣。

天津水師學堂。於光緒六年七月、由李鴻章奏准建設。七年七月學堂落成。始招收學生入堂肄業。內分駕駛管輪兩科。均用英文教授。兼習操法及讀經國文等科。優等遣派出洋留學、以資深造。今日海軍諸將帥由此堂畢業者甚多。天津武備學堂。於光緒十一年。亦係由李鴻章創設。其規制仿照西國陸軍學堂。遴派德弁充當教師。其學生係挑選營中精健聰穎略通文義之弁目到堂肄業。其有文員願習武事者。一併錄取。其課程一面研究西洋行軍新法。如後膛各種鎗礮、土木營壘及行軍布陣、分合攻守各術。一面赴營實習演試鎗礮陣勢、及造築臺壘。惟初招各班。雖聘德國教員。而學生係挑選弁目。不能直接聽講。仍用翻譯員展轉教授。與水師學堂注重外國文者不同。且起始年限甚短。一年以後。即將考試及格之學生發回各營。飭由各統領量材授事以後逐漸延長年限。選募良家年幼之子弟入院肄業。逮庚子之變。學堂適當戰線。而全校燼焉。

此外廣東水師學堂。則建設於光緒十三年。湖北之武備學堂。則建設光緒二十一年。其辦法課程。大致參照北洋成法。此後海軍成立。新軍改建。此類學堂增設日盛。以學制重在有系統的學校。故不具舉。以上所列者。以其時無系統學校之可考。略說學校之起源而已。

此期設學之宗旨。專注重實用。蓋懾於西人之船堅砲利。及種種外交之失敗。故外國語及海陸軍教育。實爲此期教育之中心。惟南洋公學。雖亦承襲此期教育宗旨。而將學校分爲三等。已厲普通學校及豫備教育之意味。故以之殿此期之終。蓋由實用主義。進而爲文化主義。教育之有系統的組織。此其見端矣。

南洋公學。爲光緒二十三年盛宣懷所創設。其常費爲招商電報兩局所捐助。而奏明辦理。故謂之公學。公學分四院。一曰師範院。即師範學堂也。二曰外院。即師範院之附屬小學也。三曰中院。即二等學堂也。四曰上院。即頭等學堂也。外院爲師範生練習之所。上中院敎習。除外國語敎習外。其華敎習亦由師範院選充。至師範生之挑充敎習。懸格至嚴。必合第五層格。始准充敎習。至其課程。大體不過分中文英文兩門。而注重法政經濟。謂略仿西國政學堂之意云。

蓋盛宣懷前在天津。曾創設頭二等學堂。然施行以後。覺敎者旣苦乏材。學生亦難精擇。故此次正本清源。以師範小學。視爲學堂一端先務中之先務。乃有以上之組織焉。蓋師範以裕師資。小學以培根本。二等學堂。謂之中院。即屬中學堂之意。頭等學堂。謂之上院。則高等學堂之意也。上院畢業生。擇其尤異者。咨送出洋就學於各國大學。以廣才識而資應用。蓋其意以爲內國大學。卒難設置。而以外國大學爲最高之學府焉。其理想之系統。頗爲淸晰。

南洋公學開辦以來。迭起風潮。後卒改歸郵傳部管轄。定名爲高等實業學堂。以該校專款。向屬於招商電報兩局。其性質皆屬於郵傳部也。民國以來。郵傳部改爲交通部。所轄之工業專門學校。（即前之高等實業學堂）近又改爲交通大學第一院。其課程純屬工業及鐵路管理等科。已非復南洋公學設立之本旨矣。

第二期　欽定學堂章程時期

一　概說

庚子之變。固爲中國之奇恥大辱。亦即新舊交替之轉樞也。蓋自甲午一役。喪師辱國。繼以中俄密約。喪失滿洲權利。德國以教案爲名。租借膠州灣。繼而英俄法羣起效尤。國將不國。於是朝野志士。鑒於國權之喪敗。覺悟以前變法之不得其本。乃羣注目於學校之一途。其時淸議之淵藪。首推時務報。其論學校者約十篇。其最懇切者。如云「今天下言治國者。必曰倣效西法。力圖富强。雖然非其人莫能舉也。今以有約之國十有六。依西人例。每國應命一使。令之周知四國。嫻於辭令。能任使命者。幾何人矣。歐美澳洲日印緬越南洋諸島。其於中國僑寓之地。不下四百所。今之熟悉商務。明察土宜。才任領事者。幾何人矣。教案界務商務。紛紛屢起。今之達彝情明公法。熟約章。能任總署章京各省洋務局者。幾何人矣。以至陸軍習地圖曉軍事之偏裨。閑兵法諳營制總大衆制大敵之統帥。海軍諳海戰之水弁習風濤熟沙線之船主大副二副。陸海軍之醫師。察礦苗驗礦質之礦師。明商理習商情之商董。創新法出新製之發明家。無不皆然。坐是之故。往往一切新法。議論數十年。不能舉行。苟漫然舉之。則覆轍立見。卒爲沮抑新法者所詬詈。其稍有成效之一二事。則任用洋員者也。同是圓顱方趾。戴天履地。而必事事待命他人。豈不可長太息乎。若夫一二識時之彥。欲矢志獨學。蓋有人矣。然不通西文。非已譯之書不能讀。其難成一也。格致諸學。皆藉儀器。苟非素封。末由購置。其難成二也。增廣學識。尤藉游歷。尋常寒士。安能遠游。其難成三也。一切實學。如水師必出海操練。礦學必入山察勘。非藉官力。不能獨行。其難成四也。國家既不以此取士。學成亦無所用。故每半途廢然而返。其難成五也。此所以通商數十年。而士之無所憑籍。能卓然成異材爲國家用者。殆幾絕也。今夫農夫未嘗播種而思穫秋。雖愚者知其不能矣。數百年來。於人材盛衰消長之故。如秦人視越人之肥瘠。猶復束縛之。消磨之。一旦有事。乃欲以多材望天下。安可得耶。」

蓋自是皆知中國當時之大患。苦於人材不足。而人材不足。由於學校不興。先是李端棻康有爲均條議興學之重要。而時務報湘學報等復加以輿論之援助、於是清光緒二十四年四月廿三日德宗乃决心下定國是之上諭。其文曰「數年以來。中外臣工講求時務。多主變法自强。邇者詔書數下。如開特科。汰冗兵。改武科制度。立大小學堂。皆經再三審定。籌之至熟。甫議施行。惟是風氣尙未大開。論說莫衷一是。或託於老成憂國。以爲舊章必應墨守。新法必應擯除。蒙喙嘵嘵。空言無補。試問今時局如此。國勢如此。若仍以不練之兵。有限之餉。士無實學。工無良師。强弱相形。貧富懸絕。豈能執梃以撻堅甲利兵耶。朕惟國是不定。則號令不行。極其流弊。必至門戶紛爭。互相水火。徒蹈宋明積習。於時政毫無裨益。即以中國大經大法而論。五帝三王。不相沿襲。譬冬裘夏葛。勢不兩存。用特明白宣示。嗣後中外大小臣工。自王公以至士庶。各宜努力向上。發憤爲雄。以聖賢義理之學植其根本。又須博採西學之切於時務者。實力講求。以救空疏迂謬之弊。專心致志。精益求精。總期化無用爲有用。以成通經濟變之才。京師大學堂爲各省之倡。尤應首先舉辦。著軍機大臣總理各國事務王大臣會同妥議具奏。所有翰林院編檢各衙門司員大門侍衛候補候選府道州縣以下。及大員子弟八旗世職各省武職後裔。其願入學者。均准入學肄習。以期人材輩出。共濟時艱。不得敷衍因循。徇私援引。致負朝廷諄諄誥誡之至意。將此通諭知之云」

以上開辦大學堂之諭旨。係由軍機大臣總理衙門王大臣妥議詳細章程。迅速復奏。其復奏摺內要端有四。一曰寬籌經費。二曰宏建學舍。三曰愼選管學大臣。四曰簡派總教習。第以大學開辦伊始。而各省學堂又多未設。故復奏中約取循序漸進之辦法。其關於經費者。計開辦費三十五萬兩。經常費約每年十八萬八千餘兩。以後逐漸推廣。再由管學大臣臨時酌請增加。關於學舍者。先請撥公中廣大房屋一所。暫充學舍。命官選出。尅日興辦。其大學堂仍應另撥公地另行建築。關於管學大臣者。謂諭旨停試八股。講求西學。各省書院一律改爲學堂。將來學堂日增。不能無所統轄。應請簡派大臣中之博通中外學術者一員管理京師大學堂事務。即以節制各省所設之學堂。故管學大臣之權限。實以今日之大學校長。而兼教育總長也。關於總教習者。謂同文館及北洋學堂。多以西人爲總教習。於中學不免偏枯。且外國文不只一國。學科各有專門。亦非一西人所能濟事。故必擇學貫中西能見其大之中國學者爲總教習。始可崇體制而收實效。且此項總教習應破格錄用。並有選派分教習之權。蓋管學大臣。必須大學士或尙書充之。而總教習則可用新進之人材。以爲輔佐。其學堂章程。計共五十二條。分八章。一總綱。二學堂功課。三學生入學。四學成出身。五聘用教習。六設官。七經費。八新章。其中與今日學校特異者有數。一在上海開一編譯局。各學科除外國文外。均讀此種編譯書籍。二學生分爲兩班。其治普通學已卒業者爲頭班。現治普通學者爲二班。蓋猶是南洋公學之舊法。三學生每月有膏火。膏火分六級。至多者二十兩。至少者四兩。其課程共分兩類。一曰普通學。一曰專門學。普通學科。學生皆當通習。專門學科。每人各占一門云。所定課表如後。

普通學　計三學年

經學第一。　理學第二。　中央掌故學第三。　諸子學第四。　初級算學第五。　初級格致學第六。　初級政治學第七。　初級地理學第八。　文學第九。　體操學第十。　語言文字學。每人自認一種。與普通學同時並學。英國第十一。　法國第十二。　俄國第十三。　德國第十四。　日本第十五。

專門學　每人自占一門或兩門

高等算學第十六。　高等格致第十七。　高等政治學第十八。（法律學歸此門）　高等地理學第十九。（測繪學歸此門）　農學第二十。　礦學第二十一。　工程學第二十二。　商學第二十三。　兵學第二十四。衛生學第二十五。（醫學歸此門）凡在堂肄業者。每日必以六小時在講堂由敎習督課。以四小時歸齋自課。考驗學生。依西例積分法。

此五十二條章程入奏後。旋派大學士孫家鼐爲管學大臣。其籌辦情形。較之原擬章程。又略有變通。並將原設之官書局及譯書局。併入大學堂。由管學大臣督率辦理之。

孫家鼐籌辦京師大學堂疏。略分六項。（一）宗旨宜先定。（二）學堂宜建造。（三）學問宜分科。（四）教習宜倣求。（五）學生宜愼選。（六）出身宜推廣。推廣之法。一立科。二派差。三分教。其與總理衙門復奏之最異者。爲分科。茲舉其大要如左。

一天學科。（算學坿）二地學科。（礦學坿）三道學科。（各教源流坿）四政治科。（各國律例坿）五文學科。（各國語言文字坿）六武學科。（水師坿）七農學科。（種植水利坿）八工學科。（格致坿）九商學科。（舟車電報坿）十醫學科。（地產植物化學坿）

逮五月二十二日。又下開辦中小學堂之上諭。其文曰。「前經降旨開辦京師大學堂。肄業者由中學小學而升。必有成効可觀。惟各省中學小學。尙未一律開辦。總計各直省省會及府廳州縣無不各有書院。著各該督撫督飭地方官。各將書院坐落處所。經費數目。限兩個月詳查具奏。即將各省府廳州縣現有之大小書院。一律改爲兼習中學西學之學校。至於學校等級。自應以省會之大書院爲高等學。郡城之書院爲中等學。州縣之書院爲小學。皆頒給京師大學堂章程。令其仿照辦理。其地方自行捐辦之義學社學。亦令中西兼習。以廣造就。至各學堂需用經費。如上海電報局招商局。及廣東闈姓規。聞頗有溢款。此外陋規濫費。兼亦不少。著各督撫儘數提作各學堂經費。各省紳民如能捐建學堂。或廣爲勸募。准各督撫按照籌款數目。酌量奏請給獎。其有獨立措捐鉅款。朕必予以破格之賞。所有中學小學應讀之書。仍遵前諭由官設書局編譯中外西書。頒發遵行。至於民間祠廟。其有不在祀典者。即著由地方官曉諭民間。一律改爲學堂。以節糜費而隆教育。似此實力振興。庶幾風氣開通。人無不學。學無不實云云。」

是時學校創設。雖雷厲風行。不幸適値八月之政變。所有前頒行各項新政。一概停止。學校亦卽因之停輟。頑固黨當國。卒釀成庚子之禍。逮前淸光緒二十七年和議告成。學校漸有復興之議。其首先倡議者。則山東巡撫袁世凱也。先是袁世凱曾奏陳東省開辦大學章程。奉旨將原奏暨單開章程通行各省。仿照舉辦。並著政務處會同禮部將選舉鼓勵章程妥議具奏。尋議復云。「東西各國學堂。皆係由小學中學大學以次遞升畢業後始予出身。自可按照辦理。擬請將小學堂畢業生考試合格。選入中學堂畢業後考試合格。再選入大學堂畢業後考取合格。准發給憑照。作爲優等學生。由該督撫學政按其功課。嚴加考試。拔其優者。分別擬取等第。咨送京師大學堂覆試。作爲舉人貢生。其貢生仍留下屆應考願應鄉試者聽。舉人積有成數。由京師大學堂嚴加考試。拔其優者。分別擬取等第。咨送禮部。奏請特派大臣考試。候旨欽定。作爲進士。一體殿試。酌加擢用。因材器使。優予官階。查袁世凱辦法。以通省學堂。一時未能徧舉。先於省城建立學堂。分齋督課。其備齋正齋。即隱寓小學堂中學堂之規制。既經奉諭令各省仿照舉辦。所有此項肄業各生。自應酌照將來選舉章程。以資鼓勵。擬請俟專齋畢業後。即由該省督撫學政嚴加考試。拔取咨送大學堂覆試。作爲舉人貢生。其取定之人。積有成數。由京師大學堂考試。拔優擬取等第。咨送禮部。奏請特派大臣考試。候旨欽定。作爲進士。聽候殿試錄用。」蓋此次所議。係混合科舉學校爲一事。謂之學堂選舉鼓勵章程。至所頒之直省大學堂章程。計學堂辦法二十八節。學堂條規三十三節。學堂課程十三節。學堂經費十八節。雖經頒布。多未及實行。未幾淸廷已派張伯熙爲管學大臣。頒布欽定學堂章程。學校漸有系統可尋矣。

二 欽定學堂章程之頒布

欽定章程頒布之起因由於派張百熙爲管學大臣。蓋自辛丑淸帝后回鑾後。知閉關排外之宗旨萬不可行。而戊戌所行之新政。漸有復活之勢。於是光緒二十七年十二月初一日淸廷降諭曰。「興學育才。實爲當今急務。京師首善之區。尤宜加意作育以樹風聲。從前所建大學堂應即切實舉辦。著派張百熙爲管學大臣。將學堂一切事宜。責成經理。應如何裁定章程。並著悉心妥議隨時具奏云云」。隨又將同文舘併入大學堂。不再隸屬外務部。

張百熙之任管學大臣。與孫家鼐之職掌略同。本負有兩重任務。故所具規畫。亦分兩事進行。一大學堂之暫時計畫。其籌辦大學堂大概情形一疏。第一項預定辦法云。「査各國學堂之制。大抵取幼童於蒙學卒業之後。先入小學三年。卒業乃升入中學堂。如是又三年。乃升入高等學堂。如是又三年。乃升入大學堂。以中國準之。

小學堂即縣學堂也。中學堂即府學堂也。高等學堂即省學堂也。今雖奉明諭令各省府州縣徧設學堂。至今奏報開辦者。尙無幾處。是目前並無應入大學肄業之學生。而各省開辦需時。又不知何年而學堂方可一律辦齊。又何年而學生方能次第卒業。通融辦法。惟有暫時且不設專門。先設立一高等學校。功課略仿日本之意。以此項學校造就學生。爲大學之預備科。一面由臣請旨催辦各省學堂。三年之後。預備科所造人才。與各省省學堂卒業學生。一併由大學考取升入專門肄業。所有豫備科功課。分爲二科。一曰政科。一曰藝科。以經史政治法律通商理財等事隸政科。以聲光電化農工醫算等事隸藝科。惟取入豫備科肄業學生。必須在中學堂卒業者。方能從事。查京外所設學堂。已歷數年。辦有成效者。以湖北自强學堂。上海南洋公學爲最。此外如京師同文館。上海廣方言館。廣東時敏學堂。浙江求是學堂。開辦皆在數年以上。餘若天津高等學堂之已散學生。出洋游歷學生。外洋華僑子弟。亦多合格之才。更由各省督撫學政。就地考取各府州縣高材生。咨送來京。由管學大臣覆試如格。方准送入大學堂肄業。學生入學之後。俟三年卒業。由管學大臣擇及格者升入大學正科。不及格者分別留校撤退。又大學堂豫備科卒業生。與各省省學堂卒業生功課相同。應請由管學大臣考驗合格。擇尤請旨賞給舉人。又三年卒業。再由管學大臣考驗如格。請旨賞給進士。如此辦法。十年之後。所造就者定多可用之材。惟是國家需材孔亟。士大夫求學甚殷。若欲收急效而少棄材。則又有速成教育一法。應請於預備科之外。再設速成一科。速成科亦分二門。一曰仕學館。一曰師範館。凡京員五品以下。八品以上。以及外官候選暨因事留京者。道員以下。教職以上。皆准考入仕學館。舉貢生監等皆准考入師範館。仕學館三年卒業。學有成効者。請准由管學大臣擇尤保獎。師範館三年卒業。學有成効者。由管學大臣擇其優異者帶領引見。如原係生員者。准作貢生。原係貢生。准作舉人。原係舉人。准作進士。准作進士者。給予准爲中學堂敎習文憑。准作舉貢者。給予准爲小學堂敎習文憑。蓋預科之學生。必取其年歲最富。學術稍精者。再加練習。儲爲眞正合格之才。速成之學生。則取更事較多。立志猛進者。取其聽從速化之効。此目前姑請緩立大學專門。先辦預備速成二科之實在情形也。」此外又因歸併同文館。變通辦理。設置英法俄德日本五國語言文字之專科。後由大學分出。謂之譯學館。合之大學豫備科。仕學館。(後亦由大學分出。即今日之法政大學。)師範館。(後由大學分出。謂之優級師範學堂。即今之師範大學。)計爲一科三館云。

又原奏所請添建校舍。坿設譯局。廣購書籍儀器。所需經費。爲數甚鉅。其寬籌經費一條之辦法。頗可資參考。所籌之費分兩項。一華俄道勝銀行存款之息金。蓋戶部向存放華俄道勝銀庫平銀五百萬兩。每年四釐生息。應得庫平銀二十萬兩。折合京平銀二十一萬二千兩。光緒二十四年。業經戶部奏准以此項息銀。由該行提出二十萬零六百三十兩。撥作大學堂常年經費。今又請將此項存款銀兩。全數撥歸大學堂。仍存放華俄銀行生息。一請飭各省助款。查近年各直省。如江南四川湖北湖南等處督撫。皆資遣學生出洋。每次經費至少數萬金。今大學堂既定高等功課。專門教習。則前項學生赴外肄業可送外國者。亦可送入大學堂。且大學堂專科正科。皆爲各省高等學校卒業學生資用肄業地步。應請飭下各直省督撫。大省每年籌款二萬金。中省一萬金。小省五千金。常年撥解京師大學堂云云。

以上爲籌辦京師大學堂之各種情形。至其遵擬學堂章程一疏內云。「今日而議振興教育。必以眞能復學校之舊爲第一要圖。雖中外政教風氣。原本不同。然其條目秩序之至賾而不可亂。固不必盡泥其迹。不能不兼取其長。此次所擬章程。謹上溯古制。參考列邦。擬定京師大學堂章程。並考選入學章程。暨頒發各省之高等學堂、中學堂、小學堂、章程各一分。又蒙養學堂。爲小學始基。前奉諭旨。合各省舉辦。謹再擬蒙養學堂章程一分。共六件。又擬請欽定章程頒行之後。即乞飭下各省督撫。責成地方官核實興辦。凡名是實非之學堂。及庸濫充數之教習。一律整頓從嚴。以無負朝廷興學育才之心。至朝廷立法。不厭求詳。各項章程。試辦數年之後。倘不無窒礙。或須更造精深之處。應請隨時增改。奏明辦理云。」

京師大學堂章程概略

章程共分八章。曰總綱。曰功課。曰學生入學。曰學身出身。曰設官。曰聘用教育。曰堂規。曰建置。茲擇其重要者。列表於左。

一　大學堂全學之名稱

大學院。——大學專門分科。(直系)大學預備科。

附設 仕學館。

　　 師範館。

醫學實業館。(設置未完)

二 大學各科之功課。

(甲)大學專門分科課目。

政治科第一。 文學科第二。 格政科第三。 農業科第四。 工藝科第五。商業科第六。 醫術科第七。

各科又復分目分別列表如左。

政治科—(1)政治學。
　　　　(2)法律學。

　　　　(1)經學。
　　　　(2)史學。

文學科。

(3)理學。
(4)諸子學。
(5)堂故學。
(6)詞章學。
(7)外國語言文字學。

致格學。

(1)天文學。
(2)地質學。
(3)高等算學。
(4)化學。
(5)物理學。
(6)動植物學。（生物學）

農業科。

(1)農藝學。
(2)農業化學。
(3)林學。
(4)獸醫學。

工藝科。

(1)土木工學。
(2)機器工學。
(3)造船學。
(4)造兵器學。
(5)電器工學。
(6)建築學。
(7)應用化學。
(8)採礦冶金學。

商業科。
(1) 簿計學。
(2) 產業製造學。
(3) 商業語言學。
(4) 商法學。
(5) 商業史學。
(6) 商業地理學。

醫術科。
(1) 醫學。
(2) 藥學。

預備科分政藝兩科其課目如左。

政科。
倫理第一。 經學第二。 諸子第三。 詞章第四。 算學第五。 中外史學第六。
中外輿地第七。 外國文第八。 物理第九。 名學第十。 法學第十一。 理財學
第十二。 體操第十三。

藝科

倫理第一。中外史學第二。外國文第三。算學第四。物理學第五　化學第六。動植物學第七。地質及礦產學第八。圖畫第九。體操第十。

以上各課目。政藝二科各分三年教授。詳表不復列。

仕學館課目如左。　共授三年。

算學第一。博物第二。物理第三。外國文第四。輿地第五。史學第六。掌故第七。理財學第八。交涉學第九。法律學第十。政治學第十一。

師範館課如左。　共授四年。（課程表列爲四年。與原章不同。）

倫理第一。經學第二。敎育學第三。習字第四。作文第五。算學第六。中外史學第七。中外輿地第八。博物第九。物理第十。化學第十一。外國文第十二。圖畫第十三。體操第十四。

學堂敎授時間每週均三十六小時。

學生班數以四十八爲足額。每學期遞升一班。（每年分兩學期）

成績考察。分月考（平日分數）期考、年考、三種。期考年考分數與平日分數平均計算。評定分數。以百分爲滿格。通各科平均計算。每科得六十分者爲及格。不及六十分者爲不及格。

凡入預備科者。以外國文肄習外國學。入速成科者。以譯文肄習外國學。

課本由編譯局編纂。或翻譯此項課本未成以前。姑就舊本節取教課。

外省學堂。一律照京師大學堂奏定課本辦理如將來外省所編課本。實有精審適用。過於京師編譯局原書者。經大學堂審定後。由管學大臣隨時奏定改用。

又學堂之組織。詳於設官一章。茲列表如左。

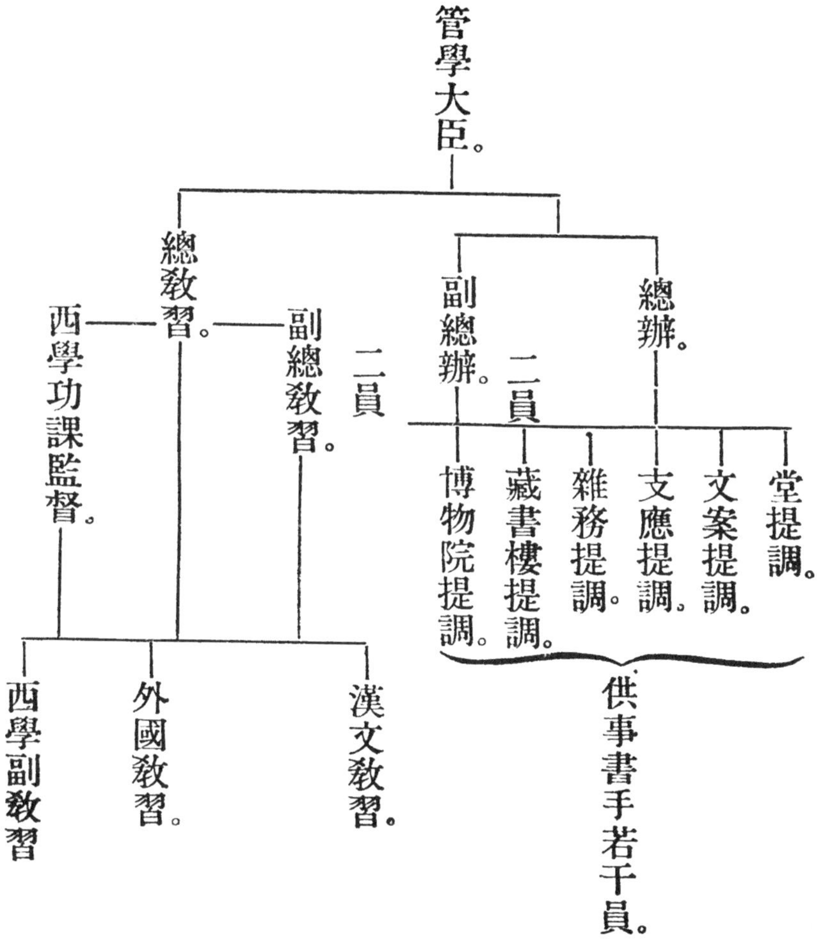
管學大臣。
總辦。
副總辦。
二員
堂提調。
文案提調。
支應提調。
雜務提調。
藏書樓提調。
博物院提調。
供事書手若干員。
總教習。
副總教習。
二員
西學功課監督。
漢文教習。
外國教習。
西學副教習

入學之資格及學額。　專門學生。由本學堂預科卒業生。及各省高等學堂卒業生考入預備科學生。照奏定資格。由本學堂招考及各省考取送京覆試。豫備科學生額定二百名。速成科三百名。共定額五百名。

出身之獎勵。高小學堂卒業。由本學堂考過後。送府立中學堂覆考如格。給予附生文憑。中學堂卒業生。送省立高等學堂考驗如格。給予貢生文憑。高等學堂卒業生。由本學堂考過。送京師大學堂覆考如格。由管學大臣帶領引見。賞給舉人。大學堂分科卒業生。由本學堂教習考過。經管學大臣覆考如格。帶領引見。賞給進士。至大學堂現辦之預備科速成科卒業。即照籌辦原奏辦理。凡得獎勵者。均給予文憑。又各省師範卒業生。亦與大學堂師範館一律從優。惟應予舉人進士者。均須由本省督撫咨送大學堂覆考如格。由管學大臣帶領引見。賞給出身。

此外對於科舉出身人員。又定一種變通辦法。凡原系進士者。概歸仕學館學習卒業後。擇尤保獎。原係舉人。得選入高等學堂卒業後。考驗及格。加給學堂舉人文憑。並給予內閣中書銜。原係貢生者。如入中學堂肄業。卒業後考驗及格。加給學堂貢生文憑。並給予國子監學正學錄銜。原係附生者。如入小學堂肄業卒業後考驗及格。加給學堂附生文憑並給予訓導銜。

當時建設之籌畫。亦頗具新教育之規模。其建造之處所。一禮堂。二學生聚集所。三藏書樓。四博物院。五講堂。講堂分二式。(甲)通常講堂。(乙)特別講堂。六寄宿舍。寄宿舍亦分爲二。(甲)寢室。(乙)自修室。(七)公畢休息室。八食堂。九盥所。十養病所。十一浴室。十二厠所。十三體操場。場分二處。(甲)屋外體操場。(乙)屋內體操場。此外尙有職員居室。敎習居室。執事人居室等。

至張百熙所擬學堂章程。除大學堂外。計分高等學堂。中學堂。小學堂。蒙養學堂四種。蒙養學堂四年卒業。即今之初等小學。小學分爲尋常高等兩種。尋常小學三年卒業。等於現在之高級小學。年限反多一年。與舊制高小同。高等小學亦三年卒業。與現制初級中學相彷彿。中學四年卒業。尙設實業科。自第三年起分科。此又與現行之分科制相似。中學外另設中等實業學堂。高小卒業生不願治普通學者入之。附設師範學堂。以造成小學敎習。中學卒業後。升入高等學堂。爲大學之預備。亦係照大學堂章程。分政藝二科。高等學堂外。附設農工商醫高等專門實業學堂。中學卒業。不欲入高等學堂者入之。此外又可設仕學館及師範館。自蒙學堂至大學堂。修業年限爲二十一年云。

(未定年限)(三年至四年)　(三年)　(四年)(高等三年)(尋常三年)　(四年)

大學院。——分科大學。——
- 大學預科。
- 高等學堂。——中學堂。——小學堂。——蒙養學堂。
- 高等專門實業學堂。——中學實業學堂。
- 仕學館。——師範學堂。
- 師範館。

高等學堂章程概略

章程全部分爲四章。曰全學總綱。曰功課教法。曰各種規則。曰一切建置。

關於總綱者。大致謂高等學校之設。爲中學生卒業之升途。又爲入分科大學之預備。與京師大學預備科之性質相同。定省會所設之學堂爲高等學堂。課程亦照預備科分政科藝科。又於高等學堂之外。得埘設農工商醫高等實業學堂。亦係中學卒業生升入此種學堂之設置方針。於商業盛處設商業學堂。礦業繁處設礦業學堂。其餘皆宜相度地方需要。以定應設學堂之種類。高等學堂並得附設仕學館。及師範學堂。學生定額爲八百人以上。設立之始。暫不收學費。每年終應將學堂職教員數學生之入學及畢業人數報告於京師大學堂。其所用課本。除用京師編譯局課本外。如用自編之本。須經京師大學堂審定之。

關於功課者。政藝兩科之科目。與大學堂預備科同。分三年教授。每週三十六小時。又爲入政治科商務科及醫科者之便利。計得增減若干科目。教員之擔任功課。用專科教員制。各任一門。各科西學。均用西文教授。其學生之西文程度不足者。另入西文補習科。以補足其程度。其餘計分考試各法。與京師大學堂同。

關於規則者。內分設官入學出學出身、休業、堂規、舍規七項。其設官分爲總理。——副辦。
- 教習。
- 文案。
- 收掌。
- 收支。
- 宿舍監督。

其入學資格。爲中學卒業生及與有同等之學力者。以二十歲爲入學之年齡。其出學之規定有四。一學業不進。二困於疾病。三學期試驗二次不及格。四不遵定規。屢戒不改。其出身照大學堂章程之規定。至休業、堂規、舍規、與今日普通規則略同。不詳列。

關於建置者。校舍爲禮堂、學生聚集所、講堂、（通用及特別）試驗房、圖書室、器械室、體操場、（屋內屋外）寄宿舍。（自修室寢室）等。其餘校具表册。亦均有所規定。大致採用日本通行之管理法云。

中學堂章程概略

其分章與高等學堂同。

關於總綱者。大致謂中學堂之設。爲高小卒業生之升途。即爲入高等學堂之預備。定府治所設學堂爲中學堂。修業年限爲四年。學額五百人以上。滿八百人則增設一所。中學堂以外。並設中等農工商實業學堂。高小卒業生不願治普通學者入之。又附設師範學堂以造成小學教習。中學堂第三年以下。得於本科設實業科。欲就實業者。俾卒業後可入一切高等專門實業學堂。此種學堂。准私人捐欵設立。謂之民立中學堂。官立者五年內不收學費。其職教員數學生入學及卒業人數。每年終詳報本省高等學堂。轉報京師大學堂。至中學堂所用課本。亦係按照高等學堂辦理。

關於功課者。其課目爲修身第一。讀經第二。算學第三。詞章第四。中外史學第五。中外輿地第六。外國文第七。圖畫第八。博物第九。物理第十。化學第十一。體操第十二。

師範學堂。照此課目每星期減去外國文三小時。加教育學教授法三小時。每班人數以五十人爲限其教員擔任功課得合兩班或三班而以兩教員或三教員各任數科目分教之其計分考試各法與大學堂高等學堂略同。

關於規則者。分爲設官、入學、出學、出身、儀節、學期、休業、舍規、等項。其設官與高等學堂略同。入學資格。爲高小卒業生及與有同等之學力者。入學年齡爲十六歲。出學之規定較高等學堂爲詳。計分六項。(一)資性太低。(二)困於疾病。(三)累於事故。(四)無故曠課過半月以上。(五)學期試驗二次不及格。(六)犯規屢戒不改。出身如前列之規定。而對師範生較優。其學期一節。係由正月二十日至小暑節爲第一學期。立秋後六日至十二月十五日爲第二學期。暑假計三十五日。得酌量地方寒暖情形而易置之。其休業舍規各節。與高等學堂同。

關於建置者。其校舍之規制與高等學堂同。並略載面積數目。講堂爲寬二丈四尺。長三丈三尺。寢室自習室兼用一室者。每人應得容積爲五百六十七立方尺。若單用寢室者。每人應得容積爲四百八十六立方尺。建設樓房者。每樓一座。至少須備二梯。其餘校具表册等與高等學堂略同。

小學堂章程概略

其分章與高中學堂同。

關於總綱者。大致謂宗旨在授以道德知識及一切有益身心之事。今州縣所立學堂爲小學堂。小學堂分爲高等尋常二級。其修業各限三年。兒童自六歲起受蒙學四年。十歲入尋常小學堂。修業三年此七年定爲義務教育。小學堂學生之額數。應容三百人以上。滿五百人則增立一所。地方士紳依照小學堂章程設立小學堂者。謂之民立小學堂。於高等小學堂之外。得廣設簡易之農工商實業學堂。卒業尋常小學者入之。以就實業。小學堂暫不收學費。小學堂之教職員數學生數。每於年終詳報省高等學堂。轉咨京師大學堂。

關於功課者。尋常小學堂其課目如左。

修身第一。　讀經第二。　作文第三。　習字第四。　史學第五。　輿地第六。　算術第七。　體操第八。

高等小學堂其課目如左。

修身第一。讀經第二。讀古文辭第三。作文第四。習字第五。算術第六。本國史學第七。本國輿地第八。理科第九。圖畫第十。體操第十一。或加農工商實業之一科目。或二科目。而除去古文辭。

小學每班之人數。至多不得過六十人。小學教員之擔任教授。應用級任制。正教習外。得置副教習。教習上堂教授時刻。每日不得減於五小時。其考試辦法。除期考年考畢業考外。又增兩種特別考試。一爲特考堂內學生。而試其優劣。一爲特考堂外學生。取其合格者。新增入學各項考試。由總理教習主之。惟卒業考試。會同地方官辦理。

關於職教員者。其組織如左。

總理
- 副辦。
- 文案。（或以副辦兼任）
- 收支。

- 寄宿舍。
- 教習。

高等尋常小學。其升學雖定有一定資格。但具有同等學力者。亦得收考。小學堂學生。除試驗功課外。尚有須合格者四事。一志趣端正。二資性聰明。三家世清白。四身體壯健。學生入學後。得隨時剔退出學。其項目與中學略同。又其休業一節。規定每十二日學課一週後。各停課一日。蓋係旬日放假。而不用星期制。其餘與中學略同。

建設一章。與高中學堂略同。惟几案椅凳。按學生身體。規定尺度。大致沿用日制。無確實之測驗。不適用也。

蒙學堂章程概略。

蒙學堂之辦法。大意在改良私塾。故規定城內坊廂鄉鎮村集均應設立蒙學堂。凡有義塾。並有常年經費者。此後應按照此項蒙學課程一律核實辦理。名爲公立蒙學堂。又家塾招生課讀。及塾師設館授徒者。亦應遵照此項蒙學課程。一律核實改辦。名爲自立蒙學堂。蒙學堂卒業以四年爲限。凡公立或自立蒙學堂。該地方之官立小學堂。有稽查課程之責。又蒙學堂屬於義務教育。西律有兒童不入學罪其父母之條。今雖未能仿辦。所有府廳州縣之各處鄉集。應於奉到章程之日予限半年。一鄉之內。先立蒙學堂一所。以後逐漸推廣。蒙學堂徵收學費。每人每月不得過三角。蒙學堂之課程列左。

修身第一。　字課第二。　習字第三。　讀經第四。　史學第五。　輿地第六。　算學第七。　體操第八。

蒙學堂既以改良私塾爲宗旨。故於教授法之改良。甚爲注意。蓋中國蒙塾之教法。雖非無所特長。然沿襲既久。形式徒存。欲實行新教育之教授時。對於兒童之身心。不得不加以注意。此項章程。頗能留意此點。在今日視之。雖已屬過去之事。而在當日。實具有一新耳目之效力焉。謹列數條。以備參考。

(一)所列時刻。每日六小時。俱寬博有餘。蓋課程無多。而時刻稍長。則可盡其優游講說之樂。

（二）第一二年稍寬假之。第三四年稍整飭之。亦須心知其意。

（三）凡教兒童。須盡其循循善誘之法。不宜操切而害其身心。尤須曉以知恥之義、夏楚之事。斷不宜施。

（四）凡教授之法。以講解爲要。誦讀次之。至背誦則擇緊要處試驗。若偏責背誦。必傷腦力。所當切戒。

（五）凡兒童每一時教授中。宜略匀出時刻。督令温習。前一日或數日所授之業。至一月間。應令通體温習一次。以免遺忘。

（六）凡考驗蒙兒之法。皆取其平日曾經講授之字課等項。隨舉問之。使之口答或筆答。第三四年。學過句法之後。可以純用筆答。以上考問須常日或間一日用之。以提醒孩童之知識。

（七）除常日間日考問之外。每旬每月又須多發數問考驗一次。俾常常省記所習之學。其考驗之法。即照積分之法辦理。其有不及者。責令於散學時補習。

（八）蒙學之年。養重於教。凡孩童勞逸之節。坐立之適否。凉燠飢飽之宜忌。及其驟有疾病等事。教習必宜隨時隨事一一體察。

（九）教習授徒。不得貪多。大致每班至多以十餘人爲率。一堂之內。或三四班。少則一二班。

以上關於教授者。至關於管理者亦有數條。

（一）凡學生出入學堂。教習必教以排習步伐。不得紛亂。

（二）學生衣履必求潔淨。

（三）凡學生行動坐立飲食語言。教習必教以一定之程式方位。

（四）蒙學校舍有害衛生者。必宜考求禁戒。一曲房密室不通空氣。二破壞狹隘難避暑濕。三光線不足耗壞目力。四房宇寬廓冬寒太甚。五登高臨深易遭危險。六喧囂不靜妨於講授。七污穢不潔疾病易滋。

（五）凡兒童痘疹。時瘟目疾傷風。一切病症。急宜暫出學堂。以免傳染。

（六）凡生徒間有氣稟頑劣。及身體孱弱過甚者。可由教習辭退。至蒙學堂所用之教師。則照檢定制。由師範學堂考驗合格。給與憑據。方准充當教習云。

第三期　奏定學堂章程時期

一　概說

欽定章程頒行於前清光緒二十七年十二月。乃於光緒二十九年十一月即行廢止。另頒奏定學堂章程。其故雖因欽定章程有若干未臻完備之處。然此外尚有兩種重要原因。

一由於滿漢之黨爭。　蓋自張百熙任管學大臣以來。招致海內名流。充任大學堂各職。頗招政府之忌。又派吳汝綸爲總教習。赴日本參觀學校。因留學生之風潮。復被種種謠啄。故清政府於光緒二十九年正月命榮慶會同張百熙管理大學堂事宜。榮爲蒙古旗人。素講理學。與張之意見既不甚合。而兩管學大臣。各用屬員。意見尤多歧異。故欲與張爭學務大臣之勢力。勢不得不推翻欽定章程。

二由於張之洞之入京。　張素負海內重望。於川、於晉、於粵、於鄂、均曾建設書院或學堂。在學務上尤自負有一時無兩之大志。故榮於張之洞入京時。約同張百熙奏陳學務重要。請添派張之洞會同辦理。故於清光緒二十九年閏五月初三日奉上諭。京師大學堂爲學術人才根本關係重要。著即派張之洞會同張百熙榮慶將現辦大學章程一切事宜。再行切實商訂。並將各學堂章程一律釐定。詳悉具奏。務期推行無弊。造就通材。俾朝廷收得人之效云云。

二　奏定學堂章程之頒布

奏定章程頒布於前清光緒二十九年。雖有上舉二種原因。然較之欽定章程。亦實有補所未備之處。今舉其重要之點如下。

一刪去蒙養學堂另定蒙養院章程。　原奏云。原章有蒙養學堂名目。但章程內所列。實即外國初等小學之事。查外國蒙養院。一名幼稚園。茲參酌其意。訂爲蒙養院章程及家庭教育法一冊。

二詳訂師範學堂章程。　原奏云。辦理學堂。首重師範。原訂師範館章程。係謹就京城情形試辦。尚屬簡略。茲另擬初級師範學堂章程一冊。優級師範學堂章程一冊。並擬任用教員章程一冊。將來京城師範館。應即改照優級師範學堂章程辦理。

三詳訂農工商實業學堂章程。　原奏云。國民生計。莫要於農工商實業。興辦實業學堂。有百益而無一弊。最宜注重。茲另擬初等農工商實業學校章程一册。附實業補習普通學堂及藝徒學堂各章程。中等農工商業實業學堂章程一册。高等農工商實業學堂章程一册。實業教員講習所章程一册。實業學堂通則一册。

除以上所舉者外。此時學校之推廣。及學務之組織。又有兩大變更。

一分年遞減科舉中額。　原奏云。興辦學堂。已兩年有餘。而至今學堂仍未能多設者。經費難籌累之也。公欵有限。全賴民間籌捐。然經費所以不能捐集者。由科舉未停。天下士林。謂朝廷之意。并未專重學堂也。然則科舉若不變通裁減。則人情不免觀望。紳富誰肯籌捐。經費不能籌。學堂不能多。入學堂者恃有科舉一途爲退步。既不肯專心嚮學。且不肯恪守學規。故就事理而論。必須科舉立時停罷。學堂辦法方有起色。學堂經費方可設籌。惟此時各省學堂尚未遍設科舉誠不能遽議停罷。然使此時一無舉動。天下並未見朝廷將來有遞減以至停罷之明文。實不足以風示海內士民。用收振興學堂之效。今公同商酌。擬將科舉舊章量爲變通。從下屆丙午起每科遞減中額三分之一。暫行試辦。一面照現定各學堂章程。從師範學堂入手。責成各省實力奉行。至第三屆壬子科應減盡時。尙有十年。計其時京外各省開辦學堂已過十年以外。人才應已輩出。且科舉既停。天下士心專注學堂。籌辦經費必立見踴躍。

二專設總理學務大臣以統轄全國學務。　學務一事。實爲今日自強要圖。必須全國一律舉行。方有大效。各國均設有文部大臣專司其事。審察學術。考核功課。皆歸其綜理。現在整頓京外大小學堂。必須特設專員。方能專心致志。籌辦妥協。查現在管學大臣既管京城大學堂。又管外省各學堂事務。目前正當振興學務之際。經營創始。頭緒萬端。即大學堂一處。已屬繁重異常。專任猶虞不給。兼綜更恐難周。況京城大學堂不過學堂之一。其所辦是否全行合法。師生是否一律均有成効。亦宜別有專司考核之大員。方無窒礙。臣之洞與諸臣商酌。擬請於京師專設總理學務大臣。以統轄全國學務。其京師大學堂。擬請另設總監督一員。請旨簡派三四品京堂充選。俾專管大學堂事務。仍受總理學務大臣考核節制。如是則全國學務與首善之大學。皆有專責而成効可期矣。

茲將奏定章程之學校系統列表如左。

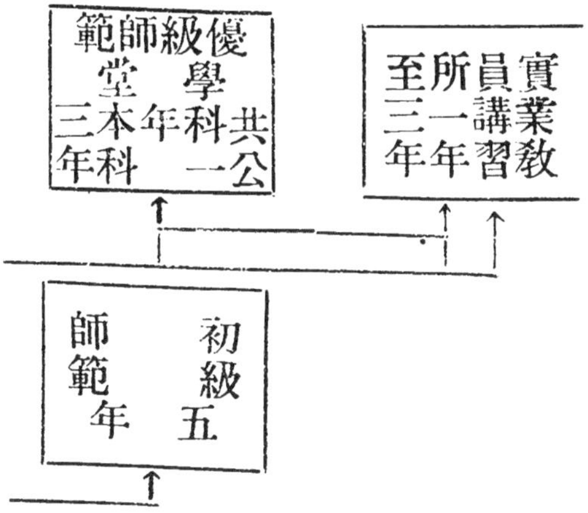

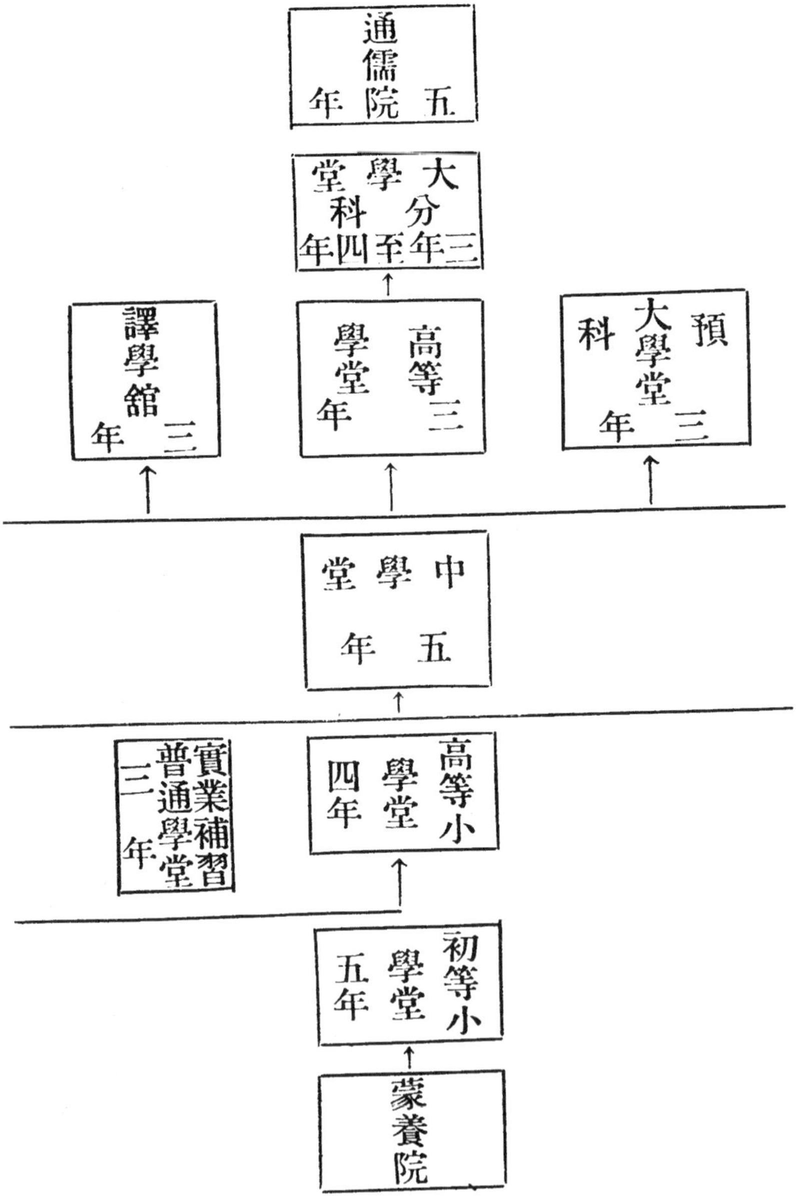
通儒院
五年
大學堂
分科
三年至四年
譯學館
三年
高等學堂
三年
大學堂預科
三年
中學堂
五年
實業補習普通學堂
三年
高等小學堂
四年
初等小學堂
五年
蒙養院

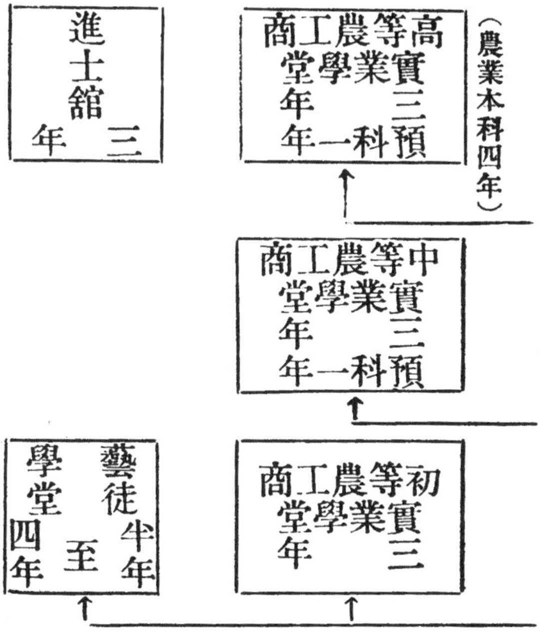

奏定學堂章程。對於上列各種學堂。均有詳細之規定。而其設學宗旨。俱見於所訂學務綱要中。學務綱要所注意之點。撮舉之計有三類。（一）指示當時設學者之辦法。（二）解除社會對於學校之疑點。（三）禁戒學校中有害國體有礙名教之趨響。而尤注重於師範及實業學堂。其主張之是否正確。因限於時代之關係。姑不具論。然自前清二十九年至宣統三年。此十年中。其間雖有多少之改革。大致不過修正科目而止。其宏綱巨領。仍不能脫其規定之範圍。故奏定章程在我國教育史上。實俱有可供研究之價值也。

奏定章程所規定之學校系統。既多補充欽定章程所未備。而其各項學堂之分科及科目。亦復多所變更。茲舉其重要者如左。

大學堂內分通儒院及大學本科。通儒院生。但在齋舍研究。隨時請業請益。無講堂功課。故科目無所規定。大學本科分為八科。

一經學科。分十一門。一周易。二尚書。三毛詩。四春秋左傳。五春秋三傳。六周禮。七儀禮。八禮記。九論語。十孟子。十一理學。

二政治科。分二門。一政治。二法律。

三文學科。分九門。一中國史。二萬國史。三中外地理。四中國文學。五英國文學。六法國文學。七俄國文學。八德國文學。九日本國文學。

四醫科。分二門。一醫學。二藥學。

五格致科。分六門。一算學。二星學。三物理學。四化學。五動植物學。六地質學。

六農科。分四門。一農學。二農藝化學。三林學。四獸醫學。

七工科。分九門。一土木工學。二機器工學。三造船學。四造兵器學。五電氣工學。六建築學。七應用化學。八火藥學。九採礦及冶金學。

八商科。分三門。一銀行及保險學。二貿易及販運學。三關稅學。

以上各專一門。經學願兼習一兩經者聽。

高等學堂與大學預備科。設學宗旨相同。設於各省者謂之高等學堂。附設於大學者謂之大學預備科。

高等學堂分爲三類。第一類學科。爲預備入經學科、政法科、文學科、商科等大學者治之。第二類學科。爲預備入格致科大學、工科大學、農科大學者治之。第三類學科。爲預備入醫科大學者治之。

中學堂科目分爲十二。一修身。二讀經講經。三中國文學。四外國語。五歷史。六地理。七算學。八博物。九物理及化學。十法制及理財。十一圖畫。十二體操。

高等小學堂之教授科目凡九。一修身。二讀經講經。三中國文學。四算術。五中國歷史。六地理。七格致。八圖畫。九體操。

初等小學堂之教授科目凡八。一修身。二讀經講經。三中國文字。四算術。五歷史。六地理。七格致。八體操。視地方情形。尙可加圖畫手工之一科目或二科目。

初等小學科以照前所列八科爲正辦。惟有鄉民貧瘠。師儒缺少地方。得量從簡略。其科目凡五。一修身讀經合爲一科。二中國文字科。三歷史地理格致合爲一科。四算術。五體操。此名爲簡易科小學。

以上中小學之教科目。與近期無甚出入。其最不同者。則讀經講經一科是也。關於讀經講經。學務綱要中有中小學堂宜注重讀經以存聖教一節。言之頗詳。今載於左。以見當時之風氣焉。

其文曰。外國學堂有宗教一門。中國之經書。即中國之宗教。若學堂不讀經書。則是堯舜禹湯文武周公孔子之道。所謂三綱五常。盡行廢絕。中國必不能立國矣。無論學生將來所執何業。在學堂時經書必宜誦讀講解。誦經書之要言。聞聖教之要義。方足以定其心性。正其本源。惟經學奧博。漢唐以來學者尙專經或兼一兩經。現以辦中小學。科學較繁。晷刻有限。若概令全讀十三經。則精力日力斷斷不給。茲爲擇切要各經分配中小學堂內。若卷帙繁重之禮記周禮。則止選讀通儒節本儀禮則止選讀最要一篇。自初等小學第一年日讀約四十字起。至中學堂日讀約二百字爲止。大率小學堂每日以一點鐘讀經。以一點鐘挑背講解。共合爲兩點鐘。每星期治經十二點鐘。中學堂每星期以六點鐘讀經。以三點鐘挑背講解。每星期治經九點鐘。至温經一項。小學中學皆每日半點鐘。歸入自習時督課。茲酌加每日治經鐘點。學生並不過勞。而讀經講經温經綽有餘裕。亦無礙講習西學之日力。若其博古考今之政解。研究精深之義蘊。及自願兼通羣經者。統歸大學堂經學專科治之。計中學畢業皆己讀過孝經、四書、易、書、詩、左傳、及禮記、周禮、儀禮、節本。共計讀過十經。並通大義。較之向來書塾書院所讀所解。已爲加多。照此章程辦理。不惟聖經不至廢墜。且經學從此更可昌明矣。

以上均爲直系的學堂。此外則有師範學堂。實業學堂。其所規定。較之欽定章程。漸臻完備。茲略舉如左。

一師範學堂。　其大異於舊章者。爲優級師範學堂。其學科分爲三節。一公共科。二分類科。三加習科。公共科之學科。補中學之不足。爲本科之預備。加習科則於分類科畢業後。擇教育有關重要者數門。加習一年。以資深造。至分類科。分學科爲四類。第一類係以中國文學外國語爲主。第二類係以地理歷史爲主。第三類以算學物理化學爲主。第四類以植物動物礦物生理學爲主。以上均三年畢業。並於教育學科內。增入教授實事練習。且規定附屬學堂之設置。優級師範附屬中學堂小學堂。初級師範附屬小學堂。

二實業學堂。　實業學堂之種類。爲實業教員講習所。農業學堂。工業學堂。商業學堂。商船學堂。其水產學堂屬農業。藝徒學堂屬工業。各項實業學堂。均分三等。曰高等實業學堂。曰中等實業學堂。曰初等實業學堂。高等實業學堂程度視高等學堂。中等實業學堂程度視中學堂。初等實業學堂程度視高等小學堂。其實業補習普通學堂。藝徒學堂。均可於中小學堂便宜附設。不在各學堂程度之內。至實業教員講習所。即實業之師範學堂。

實業教員講習所。分爲農工商三類。一農業教員講習所。二商業教員講習所。三工業教員講習所。而工業教員講習所。又分爲簡易科及完全科。完全科分爲六科。一金工科。二木工科。三染織科。四窰業科。五應用化學科。六工業圖樣科。簡易科亦分爲六科。一金工科。二木工科。三染色科。四機織科。五陶器科。六漆工科。

高等農業學堂分本科預科。預科補中學程度之未備。本科分爲三科。一農學科。二森林科。三獸醫學科。若在殖民墾荒之地。更可設土木工科。中等農業學堂亦分本科預科。本科分五科。一農業科。二蠶業科。三林業科。四獸醫業科。五水產科。初等農業學堂。爲初等小學畢業者升入。分爲普通科及實習科。普通科補小學之不足。實習科分爲四科。一農業科。二蠶業科。三林業科。四獸醫科。

高等工業學堂本科分十三科。一應用化學科。二染色科。三機織科。四建築科。五窰業科。六機器科。七電器科。八電氣化學科。九土木科。十鑛業科。十一造船科。十二漆工科。十三圖稿繪畫科。中等工業學堂本科分十科。一土木工科。二金工科。三造船科。四電氣科。五木工科。六礦業科。七染織科。八窰業科。九漆工科。十圖稿繪畫科。工業無初等。只有藝徒學堂。除普通科目外。其工業科不限定何科目。務斟酌地方情形。選擇其合宜者教之。

高等商業學堂本科不分科。又高等商船學堂。亦屬於商業之類。計分二科。一航海科。二機輪科。中等初等商業及商船學堂。與高等之分科同。

又關於各學堂通用之章程。其最關重要者。則各學堂考試章程也。凡學堂考試分五種。一曰臨時考試。二曰學期考試。三曰年終考試。四曰畢業考試。五曰升學考試。其最注意者。則爲畢業考試也。

原章云。畢業考試者。因學生畢業而授以憑照。以表明其爲何等程度之學生。使將來別就職業時。當事得有考證。其事較重。視學堂程度。由所在地方長官會同本學堂監督教員親涖之。以上爲中學以下學堂考試畢業之辦法。至高等學堂畢業。則學已有成。足資世用。大學堂畢業。則學近大成。各擅專長。自應以畢業考試。定多士錄用之階。擬照鄉會試例。高等學堂畢業。奏請簡放主考會同督撫學政詳加考試。大學堂分科大學畢業。奏請簡放總裁會同學務大臣詳加考試。考試既嚴。其獎勵亦皆從優。先是清廷定有獎勵出洋遊學日本學生章程。茲比照擬請獎勵。其大體如左。

大學分科。

考列最優等者。作爲進士出身。用爲翰林院編修檢討。考列優等中等者。均爲進士出身。並分別用爲翰林院庶吉士及各部主事。考列下等者。作爲同進士出身。留堂補習一年。再行考試。

又大學堂之選科畢業獎勵。比照分科大學降等給獎。

大學堂預備科及各省高等學堂。

考列最優等者作爲舉人。由學務大臣覆試合格。以內閣中書用。考列優等中等者。均作爲舉人。由學務大臣覆試合格。分別以中書科中書部司務用。

高等實業學堂。最優等優等中等均作爲舉人。分別以知州知縣州同用。

優級師範學堂最優等優等中等均作爲舉人分別以國子監博士助教學正用並令充中等學校教員此外中等學堂則獎以貢生高等小學則獎以稟增附生初等小學屬於義務教育不給獎

以上學校考試獎勵在當時雖不免訾議然由監督機關覆考可以免學校敷衍之弊又學成致用可以啟學生登進之塗物極必反獎勵之徒重虛榮在今日雖不能仿行然核實循名尚有研究之價值焉

三科舉之廢止

廢止科舉在清光緒三十一年七月先是奏定章程之頒布時本有分年遞減科舉中額之規定至是乃由袁世凱張之洞奏請完全廢止其原奏略云「臣等默觀大局熟察時勢覺現在危迫情形更甚曩日竭力振作實同一刻千金而科舉一日不停士人皆有徼幸得第之心以分其砥礪實修之志民間更相率觀望私立學堂者絕少非公家財力所能普及學堂決無大興之望就目前而論縱使科舉立停學

堂通設。亦必須十數年後。人才始盛。如再遲至十年。甫停科舉。學堂有遷延之勢。人才非急切可求。又必須二十餘年後。始得多士之用。」又云。「設立學堂者。並非專爲儲才。乃以開通民智爲主。使人人獲有普及之教育。具有普通之智能。上知效忠於國。下得自謀其生。兵農工商。各完其義務而分任其事業。婦人孺子。亦不使閒處而興教於家庭。無地無學。無人不學。欲補救時艱。必自推廣學校。始欲推廣學校。必自先停科舉始。擬請宸衷獨斷。雷勵風行。立罷科舉。廣學育仁。化民成俗。胥基於此。又既停科舉。尚有切要辦法以相維於不敝。其所擬辦法。共有五項。一在於首經學。二在於崇品行。三師範宜速造就。四未畢業之學生暫勿率取。五舊學應舉之寒儒宜籌出路。應請一併飭下各省督撫學政切實遵辦。至各省學堂未辦者宜從速提倡。已辦者宜極力擴充。以及各堂學生之良莠。與夫辦理學務人員之功過。均應隨時認眞考檢。亦皆各省督撫學政所不得稍辭其責者也。旋奉諭旨。「袁世凱等奏。請立停科舉。推廣學堂。並籌辦法一摺。所陳不爲無見。著即自丙午科爲始。所有鄉會試科歲考。一律停止。其已廢之舉員生員。分別量予出路。及其餘各條。均著照所請辦理」云。

梁任公關於此節曾著一論。有云。「現代學問和思想的方面。我們不能不認爲已經有多少進步。而且確已替將來開出一條大進步之路徑。這裏頭最大關鍵。就是科舉制度之撲滅。科舉制度有一千多年的歷史。眞算得深根固蒂。他那最大的毛病。在把全國讀書人的心理。都變成虛僞的。因襲的。籠統的。把學問思想發展的源泉。都堵住了。廢科的運動。在這五十年內的初期。已經開始。像郭嵩燾馮桂芬等輩。都略略發表這種意見。到戊戌前後。新黨所謂康梁一派。可以說是全副精力。於科舉制度施行總攻擊。前後約十年間。經了好幾次波折。到底算把這文化障碍物打破了。如今過去的陳跡。算是平常。但是用歷史家看來。不能不算是近五十年間一件大事」

四學部之設立

先是奏定章程。已規定專設總理學務大臣。乃於光緖二十九年十一月。改管學大臣爲學務大臣。加派孫家鼐爲學務大臣。逮光緖三十一年七月停止科舉。乃設立學部。以榮慶爲尙書。熙鈺嚴修爲侍郞。並以國子監禮部歸併學部。

學部既設。有規定官制之必要。故於光緒三十二年。學部上奏云「學部奉旨設立。爲全國學務總滙之區。國民程度之淺深。教育推行之遲速。董率督促。責任綦重。今公同商酌。仰體朝廷設官敷教之精心。參仿外商警部分曹隸事之辦法。擬設左右丞各一員。左右參議各一員。參事官四員。分設五司十二科。郞中員外郞主事各缺。此外視學官暫無定員。諮議官不設額缺。其一切編譯圖書。調査學制。以及督理京師學務。與夫本部會議研究敎育之事。皆分設局所。派員兼理。茲將學部官制職守開列如左。

一設左右丞各一員。秩正三品。佐尙書侍郞整理全部事宜。並分判各司事務。稽核五品以下各職員功過。

一設左右參議各一員。秩正四品。佐尙書侍郞核定法令章程。審議各司重要事宜。設參事官四員。秩正五品。視郞中。佐左右參議核審事務。

一設五司。曰總務司。曰專門司。曰普通司。曰實業司。曰會計司。每司分設數科。其各司科職掌員數。分別於下。

總務司。　郎中一員。員外郎三員。主事四員。共分三科。曰機要科。曰案牘科。曰審定科。

專門司。　郎中一員。員外郎二員。主事二員。分二科。曰專門教務科。曰專門庶務科。

普通司。　郎中一員。員外郎三員。主事五員。分三科。曰師範教育科。曰中學教育科。曰小學教育科。

實業司。　郎中一員。員外郎二員。主事二員。分二科。曰實業教務科。曰實業庶務科。

會計司。　郎中一員。員外郎二員。主事二員。分二科。曰度支科。曰建築科。

此外尚有司務廳。專司收發文件事。又有編譯圖書局。京師督學局。學制調查局等。不限員缺。以丞參或丞參上行走員兼領。

此外又擬設高等教育會議所。屬學部長官監督。其議員則選派部員。及直轄學堂監督。各省中等以上學堂監督。及京外官紳之學識宏通。于教育事業素有閱歷者充任。雖當時未及組織。而清末所召集之中央教育會議。實源於此。又擬設教育研究所。延聘精通教育之員。定期講演。宣統元年。曾由嚴侍郎開辦一次。約日人某講演教育行政。隱寓仕優則學之意。其訓練本部員司。用意至深遠也。

五 頒布教育宗旨

奏定章程之學務綱要。雖有所主張。然散見各條。不足喚醒一般明確之觀念。故學部設立之始。首明定教育宗旨。其言曰。「今中國振興學務。宜注重普通。令全國之民無人不學。尤以明定宗旨宣示天下爲握要之圖。按中國政教之所固有。而亟宜發明以距異說者有二。曰忠君。曰尊孔。中國民質之所最缺。而亟宜箴砭以圖振起者有三。曰尚公。曰尚武。曰尚實。」原奏說明甚長。不具錄。旋於清光緒三十二年三月奏上諭。「學部奏請將教育宗旨宣示天下一摺。據該部所陳忠君尊孔與尚公尚武尚實五端。尚爲握要。即照所奏各節。通飭遵行。所有京師及各省學堂師長生徒。尤宜正本清源。辨明義利。不視爲功名祿利之路。而以爲修齊治平之規。於國家勸學育材之意。方爲無責。該尙書侍郎等。惟當整躬率屬。行必踐言。切實提倡。認眞查核。懔時局之艱難。思全國之關係」云云。

六　裁撤學政設立直省提學司

以上所列。設置管學大臣。設立學部。雖有管轄全國學務之責。然所實施者。只及中央學校。至於各省學務。尙無確定之敎育行政機關。且舊日學政。係欽派大員。與學部不相統屬。又其所司者。爲科歲考試。亦難勝稽察學務之任。先是直隸總督袁世凱奏陳學務未盡事宜一摺。又雲南學政吳魯奏請裁撤學政一摺。均奉旨學部議奏。學部會同政務處復議云「現在停止科舉。專辦學堂。一切敎育行政及擴張興學之經費。督飭辦學之考成。與地方行政。在在皆有關係。學政位分較尊。事權不屬於督撫。爲敵體。諸事既不便於禀承。於地方爲客官。一切更不靈於呼應。即有深明敎育之員。補苴一二。爲益已鮮。且各省地方寥闊。將來官立公立私立之學堂。日新月盛。勢不能如歲科各試分棚調考之例。而循例按臨。更有日不暇給之慮。勞費供張。無裨實事。學政舊制。自宜設法變通。臣等公同商酌。擬請裁撤學政。各省改設提學使司提學使一員。秩正三品。視按察使。統轄全省地方學務。歸督撫節制。於省會地方置學務公所。分設總務普通專門實業會計圖書六課。每課設課長副長課員。分曹隸事。仿漢代辟召之制。選官紳之有學行者。由提學司詳請都撫札派。另設學務議紳四人。由提學司延訪本省學望較崇之紳士充選。並設議長一人。由學部愼選奏派。其提學司養廉。一仍學政之舊。仍量加公費。以資津貼。僚佐薪資。皆以公款支給。所有從前之棚規供應。一概禁絕。其舊有學政衙門之胥吏。尤當一律裁革。以上各節。名實既副。權限自明。一俟提學司設立之後。其各省學務處即行裁撤。如蒙俞允。即由學部籌擬詳細官制。及辦事權限章程。續行具奏。其提學司員缺。應由學部博求深明敎育素有閱歷者。開單請簡。」旋於光緒三十二年四月奏上諭「政務處學部會奏。遵議裁撤學政。請設直省提學使司一摺。現在停止科舉。專辦學堂。所有學政事宜。自應設法變通。著即照所請。各省改設提學使司提學使一員。統轄全省學務。歸督撫節制。各省學政。一律裁撤。餘著照所請辦理。」

各省提學司之組織

先是裁撤學政改設提學使之時。原指定一切詳細官制及辦事權限章程。由學部妥擬具奏。茲將所擬各條節錄如左。

一每省設提學使司提學使一員。秩正三品。在布政使之次。按察使之前。總理全省學務。考核所屬職員功課。其舊有之學務處。俟提學使到任後。即行裁撤。

一各省提學使司提學使員缺。擬由學部以京外所屬學務職員開單請簡。

一提學使自到任之日起。每三年作爲俸滿。俸滿之前。各督撫將其平日所辦事項。詳細咨部。本部證以三年內派出視學官所切寔考察者。該司辦理學務有無振興寔效。詳晰臚列奏聞。或留任。或升擢。或調他省。或調回本部。

一提學使照各省藩臬兩司例。爲督撫之屬官。歸其節制考核。一面由學部隨時考查。不得力者。即行奏請撤換。

一地方學務。提學使當督飭地方官切實舉辦。其有延宕玩視者。提學使可具其事狀。詳請督撫分別記過撤參。其有辦事實心卓著成效者。亦可具其事狀詳請督撫從優奏奬。每居年終。分別所屬府廳州縣興學考成。出具考語。申請督撫辦理。

一提學使於通省學務應用之欵。應會同藩司籌畫。詳請督撫辦理。

一提學使出省考察。須得學部允准。當輕騎簡從。勿受地方供應。

一提學使衙門。可仍用舊有之學政衙門。所有舊日吏役人等。槪行屛除。其有學政向不與督撫同城者。均應改歸一律。至各省業經裁撤之學務處。卽改爲學務公所。提學使督率所屬職員。按照定章限定鐘點。每日入所辦公。

一學務公所設議長一人。議紳四人。佐提學使參畫學務。並備督撫諮詢。議紳由提學使延聘。議長由督撫咨明學部奏派。

一學務公所分六課。曰總務課。曰專門課。曰普通課。曰實業課。曰圖書課。曰會計課。

一各課設課長一人。副長一人。其課員視事之繁簡。由提學使酌量詳派。限定人數。少則一員。多不得過三員。

一提學使設省視學六人。承提學使之命令。巡視各府廳州縣學務。

一各省提學使養廉。均比照學政原有之養廉支給。加給公費。其數目由督撫奏定。所有學政舊有之規費供給等項名目。一概禁絕。

一課員以下。可設司事書記。其人數視事之繁簡爲定。

一各廳州縣勸學所。設縣視學一人。兼充學務總董。選本籍紳衿年三十以外品行端方。曾經出洋游歷或曾習師範者。由提學使札派。常駐各廳州縣城。由地方官監督辦理學務。並以時巡察各鄉村市鎭學堂。指導勸誘。力求進步。

一各省設敎育官練習所。由督撫監督。由提學使選聘本國或外國精通敎育之員。講演敎育學敎授管理諸法。及敎育行政視學制度等。以謀補充識力。每日限定鐘點。自提學使以下。所有學務職員。至少每星期須上堂聽講三次。

七　勸學所之設置

勸學所章程。創始於直隸學務處。其時嚴範孫先生任學務處督辦。提倡敎育。不遺餘力。寶泉時任普通課課員。思敎育行政。宜有系統的組織。既有學務處爲省行政機關。擬請更設勸學所。爲廳州縣行政機關。並仿警察分區辦法。便於推廣教育所擬章程內容。採用日本之地方教育行政。及其通用之學校管理法。至條文則多用訓誡語與法令文字。殊不相合。然興學伊始。社會尙不知學堂爲何物。有此項章程之指導。羣知有所趨嚮。故直隸行之。頗著成效。逮嚴先生升任學部侍郎。遂取直隸之現行勸學所章程。通行全國。其章程之大致如左。

一總綱。　各廳州縣應各於本地擇地特設公所一處。爲全境學務之總滙。即名曰某處勸學所。凡本所一切事宜由地方官監督之。

一分定學區。　各屬應就所轄境內。分畫學區。以本治城關附近爲中區。以次推至所屬村坊市鎭。約三四千家以上。即畫爲一區。在本治東即名東幾區。本治西即名西幾區。推之南北皆然。由第一區至數十區。可因所轄地之廣袤酌定。

一選舉職員。　勸學所以本地方官爲監督。設總董一員。綜合各區之事務。每區設勸學員一人。任一學區內勸學之責。總董由縣視學兼充。勸學員由總董選擇本區土著之紳衿品行端正。夙能留心學務者。禀請地方官劄派。其薪水公費多寡。各就本地情形酌定。

一統合辦法。　勸學員於本管區內。調查籌欵興學事項。商承總董擬定辦法。勸令各村董事切實舉辦。此項學堂經費。皆責成村董就地籌款。官不經手。勸學員但隨時稽察報告於勸學所。每年兩學期之末。由勸學所造具表册彙報本地方官。一面榜示各區。以昭核實。若提學司派遣省視學查驗時。應由勸學所總董將各區學堂情形詳述。以便省視學酌赴各區調查。

一講習教育。　各區勸學員。應先於本城勸學所會齊。開一教育講習科。研究學校管理法教育學奏定小學堂章程管理通則等類。限兩個月畢業。再赴本區任事。以後每月赴本城勸學所會集一次。呈交勸學日記。由總董彙核。有商定改良各事。即於是日研究條記。携歸本區實行。凡會集之期。地方官及總董必須親到。

一推廣學務。　勸學員既係本區居住之人。自於本地情形熟習。平時宜聯合各家及本村學董。查有學齡兒童。隨時册記。挨戶勸導。並任介紹送入學堂之責。每歲兩學期。以勸募學生多寡。定勸學員成績之優劣。　一勸學。　婉言勸導。

不可强迫。一次勸之不聽、無妨至再至三。說明學堂爲培養學童之道德、並不得誤認新奇、自生疑阻。宣講停科舉興學堂之諭旨、使知舍此則無進身之階。說入學於謀生治家、大有裨益。說入學之兒童、可以强健身體。遇貧寒之家、可勸其子弟入半日學堂。遇私塾塾師課程較善者、勸其改爲私立小學、並代爲稟報。遇紳商之家、勸其捐資興學裨益地方。對所勸之家。勸其復向親友輾轉相勸。並於開學時、引導各鄉父老參觀。以上勸學員之責。　二興學。　計算學齡兒童數、須立若干初等小學。計各村人家遠近、學堂須立於適中之地。查明某地不在祀典之廟宇鄉社、可租賃爲學堂之用。定明某地學童、須入某學堂。籌畫某地屋宇多寡可容若干人、爲定分班之數。須行課程。延聘教員。選用司事。稽察功課及欵項。設立半日學堂。每學期製學堂一覽表。以上爲學堂董事之責。惟須與勸學員會議。　三籌款。　考查迎神賽會演戲之存欵、紳富出資建學、爲稟請地方官獎勵。酌量各地情形令學生交納學費。以上爲勸學所總董之責。惟須據勸學員之報告。聯合村董辦理。　四開風氣。　訪有急公好義品行端方之紳耆、請其襄助學務。擇本區適中之地、組織小學師範講習所。有好學之士。可介紹於本府初級師範學堂或本城傳習所。使肄科學。以上由勸學員隨時報知本城勸學所總董辦理。　五去阻力。　各地劣紳地棍之阻撓學務者。各地愚民之造謠生事者。頑陋塾師禁阻學生入學者。娼寮烟館等所之附近學堂、有妨管理者。以上由勸學員查出。通知本勸學所。禀明地方官分別辦理。

一實行宣講。　各屬地方。一律設立宣講所。遵照從前宣講聖諭廣訓章程。延聘專員。隨時宣講。其村鎭地方。亦應按集市日期。派員宣講。一切章程規則。統歸勸學所總董經理。而受地方官及巡警之監督。一宣講首重聖諭廣訓。　一忠君尊孔尙公尙武尙實五條諭旨。爲敎育宗旨所在。宣講時應反覆推闡。按條講說。其學部頒行宣講各書。及國民敎育修身歷史地理格致等淺近事理。以迄白話新聞。概在應行宣講之列。惟不得涉及政治一切偏激之談。　一宣講員由勸學所總董延訪。呈請地方官札派。以師範畢業生或與師範生有同等之學力確係品行端方者爲合格。　一宣講時無論何人。均准聽講。即衣冠藍縷者。亦不宜拒絕。惟暫不准婦女聽講。以防弊端。　一宣講時限日期。得由勸學所董事酌定。　一宣講員每期宣講各事。應備簿存記目錄。以備地方官及勸學所總董隨時稽查。　一宣講附在勸學所。或借用明倫堂。及城鄉地方公地。或賃用廟宇。或在通衢。　一凡宣講時。巡警官得派明白事理之巡警旁聽。

一詳繪圖表。　勸學員應商同本區各村董事。就所轄地方。遵照學部頒行格式。繪成總分各圖。注明某地有學堂幾處。每學堂若干敎室。隨時報明本城勸學所存查。其學生班次人數課程。及出入款項。分別造具表册。分期報明本城勸學所。勸學所彙齊。另造表册。交由地方官紳報提學司。每半年一次。

一定權限。　各屬勸學所總董。與勸學員。及各村學堂董事。均爲推廣學務而設。不准於學務外干涉他事。

一明功過。　勸學所各員。如辦理合法。著有成効。應隨時記功。其有特別勞勣者。記大功。年終按記功之多寡。由地方官禀明提學司。予以奬勵。其固陋怠惰。或辦理不善者。隨時稟撤另舉。

前舉勸學所章程行之五年。於宣統二年學部又上奏云。「查臣部於光緒三十二年。奏定勸學所章程。行之數年頗着成效。惟其時地方自治章程及地方學務章程尙未頒行。所有地方教育事宜。均歸辦理。在當日固可收統籌兼顧之功。在今日轉致有權限不淸之慮。臣等通盤籌畫。擬確定勸學所爲府廳州縣官教育行政輔助機關。除佐理官辦學務之外。在自治職未成立地方。對於自治學務。有代其執行之責。其在自治職已成立地方。對於自治學務。有贊助監督之權。謹擬改訂勸學所章程四章。凡二十二條。繕單呈覽。如蒙兪允。即由臣部通行遵照辦理。再查城鎭鄕地方自治章程第三節第五條。將勸學所列入自治範圍之內。與地方學務章程第一條所定府廳州縣勸學所名目。性質既不相合。且勸學所爲一種機關。而列爲學務事宜之一。尤覺未當。查憲政編查館核覆府廳州縣地方自治章程摺內。有城鎭鄕地方自治章程。頒布在前。其條文有涉及府廳州縣地方自治章程歧異之處。請飭下民政部另案更正等語。現在勸學所。既定爲府廳州縣輔助機關。應俟奉旨允准之後。由臣部咨行民政部另案奏明更正。以免歧異合並聲明云云。」旋於本年十二月奉旨依議。

改訂勸學所章程

第一章　設置及委任

第一條　府廳州縣城治設勸學所。佐府廳州縣長官辦理學務。府廳州縣自治職。或所屬城鎮鄉自治職。未成立以前。所有地方學務均由勸學所按照法令代其執行。

第二條　勸學所設勸學員長一人。禀承該管長官辦理勸學所一切事務。勸學員長得兼充縣視學。

第三條　勸學所設勸學員禀承該管長官及勸學員長。分任勸學所及所屬學區事務。

勸學員員額。由該管長官申請提學使核定。

勸學所遇有必要情形。得置臨時學務員。但其任期至多以三箇月爲限。

第四條　勸學所得量事之繁簡。設書記一人至三人。

第五條　勸學員長及勸學員之資格依學務法令之規定。如奏定學務綱要所載辦學員紳。及檢定中學小學教員章程所載受檢定者資格之類。

第六條　勸學員長及勸學員由該管長官就本籍合格士紳保選若干員。開具履歷清單。申請提學使派充。並報部立案。

前項人員有不合資格。先經委任者。得由提學使隨時查明撤銷。

現任地方議事會議員者。不得兼任勸學員長或勸學員。

第七條　勸學員長及勸學員均以三年爲任滿。

第二章　職權

第八條　勸學所應辦事務如左。

一官立學堂及其他教育事業之設置及稽核。

二關於官辦學務經費之核算。

三本地方學齡兒童之稽核。

四對於學齡兒童之父兄爲應受義務敎育之勸導。
五官立學堂學額學級授課時間之分配。
六官立學堂敎員職員之進退。
七關於官立學堂之建築及設備。
八關於學堂衞生事件。
九關於學堂管理敎授指導改良事件。
十關於學堂考試事件。
十一學務圖表及統計之編製。
十二私立學堂及改良私塾之認定。
十三教育研究所之設立及維持。
十四關於地方學務章程第五條事件。
十五關於地方學務章程第七條事件。
十六關於地方學務章程第八條第二項事件。

十七條關於地方學務施行細則第五條第八條事件。

十八條關於地方學務施行細則第二十三條事件。

十九地方自治職未成立以前按照地方學務施行細則第二十八條第二十九條執行事件。

二十阻撓學務及妨害學堂之防維。

第九條　勸學所應辦事務須經該管長官核定。所有文件以長官名義行之。

第十條　學部視學官或省視學蒞境視察時。勸學所應將所有學務情形詳析報告。

第三章　經費

第十一條　勸學所經費由該管長官籌定。申請藩學兩司公核。報部立案。

第十二條　勸學所各員月薪數目由該管長官核定。申報藩學兩司備案。

勸學所各員不給月薪者。爲名譽學務員。

臨時學務員不給月薪。由該管長官給以相當之公費。

第十三條　府廳州縣辦理學務一切經費。得由該管長官委任勸學所經理。

第十四條　自治職未成立之地方學務。由勸學所代其執行者。關於經費之收支及公欵公產之籌集處理。應按照地方自治章程地方學務章程及施行細則辦理。

第十五條　前條事項。每年由勸學所擬具預算。呈請該管長官核准施行。並造具決算呈候該管長官檢核。

預算決算核定之後。由該管長官榜示勸學所及各學區。

第四章　待遇及功過

第十六條　勸學員長及勸學員。原無官職者。得分別給予七八品職銜。

第十七條　勸學員長及勸學員任期滿三年以上。仍連任者。得加給月薪。

第十八條　勸學所人員不得於學務以外干涉他事。如有逾越職權借端生事者。照府廳州縣地方自治章程第六十八條分別辦理。

第十九條　勸學所人員功過事實。每年終由該管長官開具詳册。申報提學使核辦。

附則

第二十條　府廳州縣官制未經改訂施行以前。所有官辦學務。悉照本章程辦理。

第二十一條　勸學所辦事細則。由該管長官擬訂。申請提學使核定報部備案。

第二十二條　本章程如有未盡事宜。由學部隨時改訂。

又地方學務章程。由學部提案。資政院議決。於清宣統二年十一月頒布。小學經費暫行章程。於清宣統三年六月由學部擬定頒布。此兩項章程。均有關於地方小學教育。故附載之以備考焉。

地方學務章程

第一條　地方學務。由府廳州縣及城鎭鄉自治職。按照地方自治章程及關於學務之法令辦理。

府廳州縣自治職。對於地方學務應有之職權。在府廳州縣自治職成立以前。由各府廳州縣勸學所行之。

第二條　鄉之地處偏僻或財力薄弱者。得照城鎮鄉地方自治章程第十三條設立鄉學連合會。

照前項設立鄉學連合會者。應於協議時。將連合會之編制。事務之管理。及經費之籌集處理方法。一併規定。其協議不決者。府廳州縣參事會議決之。

第三條　城鎮鄉或鄉學連合會。爲辦理學務。得就各該區域內劃分爲若干區。

第四條　在城鎮鄉或鄉學連合會區域內居住流寓。有不動產或營業者。對於地方公用之學堂。均負擔設立及維持之義務。其本地方原有公款公產者。應先以公款公產之收入。充設立及維持之用。

第五條　城鎮鄉鄉學連合會或其分區。經該管地方官之訓令。應受他處城鎮鄉鄉學連合會或分區之委託。代辦兒童教育事宜。

第六條　鄉學連合會因連合解散或擔任事務之關繫。而生財產上之紛議者。由府廳州縣參事會議決之。

各鄉因代辦兒童教育所需酬金之有無多寡。及其他必要事項而生紛議者。

照前項規定辦理。

第七條　府廳州縣及城鎮鄉爲辦理學務應設學務專員由各該議事會公推。會辦學務具有經驗者在府廳州縣由地方官委任在城鎮由董事會在鄉由鄉董申請、地方官委任執行之。

第八條　府廳州縣城鎮鄉鄉學連合會或其分區爲辦理學堂蒙養院圖書館。得置基本財產及積存欵項。

前項基本財產及積存欵項之籌集處理須經監督官府之核准其照原定宗旨動用積存欵項者不在此限。

從基本財產所生之收入不得於原定宗旨以外移充他用。從積存款項之收入應加入積存款項之内。

第九條　府廳州縣城鎮鄉鄉學連合會或其分區遇有捐助學務經費者。應作爲基本財產。其捐助人指定作爲辦理某項之用者。不在此限。

第十條　公立學堂蒙養院圖書館所收學費公費。及使用費均得作爲基本財產。或積存欵項。

第十一條　府廳州縣城鎭鄉鄉學連合會或其分區。每年經費若有贏餘。得作爲基本財產或積存欵項。其無贏餘者。得於歲入內酌增若干。作爲基本財產或積存欵項。

第十二條　從前爲地方學務籌集之款項。若有按照地方自治章程列入自治經費。移充他項之用者。自本章程實行後。三年之間。得以府廳州縣參事會之議決。分別劃定。專作爲學堂基本財產。或積存欵項。

第十三條　本章程自頒行文到之日施行。

第十四條　本章程施行細則。由學部以命令定之。

第十五條　本章程內所定。應由府廳州縣參事會代爲議決之件。在府廳州縣參事會成立以前。由各該地方官代辦。

小學經費暫行章程

第一章　總則

第一條　本章程規定各項經費數目。係就各省報部一覽表高初兩等小學經費實數酌中擬定。並就各學堂應用各費逐一計算總以力汰冗濫切實敷用爲主。

第二章　開辦費

第二條　初等小學每一學堂。以一班計。開辦費應以百元爲中數至多不得過二百元。高等小學每一學堂以一班計。開辦費應以二百元爲中數。至多不得過四百元。

第三條　添加學生一班。得照額定之數。增加十分之六或十分之七。其班次多者類推。

以上所列開辦費。尚未算入建築經費。惟小學生一班。僅須講堂一二間。教員住室一間。空地一處。凡祠廟公所或紳民廳舍皆可借用。即因舊有之屋量爲改造。所費究屬無多。其校中各項器具。及必需之圖書等。爲數亦尚有限。故開辦小學。以必需應用之物爲要。不得鋪張建築。少涉虛糜。

第四條　因地方特別情形。於前項所定至多之數。尙須增加者。應由勸學員長及地方辦學人員呈明該管地方官核定。若所加之數過於一倍之外。應由該管地方官轉呈提學司核定。

第五條　若人戶繁盛地方入學之學生班次較多。非特建校舍不足以容納者。應由勸學員長及地方辦學人員將建築費數目若干切實估定。繪圖貼說。陳由該管地方官轉呈提學司核辦。

第三章　常年費

第六條　每一學堂。如只學生一班。初等小學。每年經費定額以一百八十圓爲中數。至多不得過二百四十圓。高等小學。每年經費以四百元爲中數。至多不得過六百元。

第七條　以上額定經費。當以十分之七或十分之八作爲教員薪金。（應參照後列教員月薪表）餘爲購用紙筆白墨書器及僱役各項之用。

第八條　每班學生以四十人爲中數。至多不得過六十人。至少須有三十人。如不足三十人。則須合兩班爲一班。用單級教法。不得零星分班。致滋糜費。但高等小學有特別礙難情形不易合班者。得由勸學員長呈明提學司核定。

第九條　高等小學生。如只一班人數不及三十人者。應設法添招合格學生插班。以補其缺。如此項學生不易招集。以後又無擴充班次之望者。應即與鄰近各學堂合併辦理。初等小學生一班不及三十人。除實係鄉僻地方附近學童無多。不易招集。又無鄰近各學堂可附准暫時設立外其餘凡一班不足三十人者。應即與鄰近各學堂合併。不得獨爲一堂。

第十條　每班學生若在六十人以外。則分爲兩班。

第十一條　初等小學用二部編制者。每年經費與通常初等小學之班次相比較。應減其半。惟得審量情形。於減半之數酌加一成或二成。添作教員薪金。

第十二條　學堂有兩班學生以上。應比照一班學生用費遞加十分之六。或十分之七。

凡一學堂班次較多者。教員既分正副。薪金自然較省。至於僱役雜費等項。各班亦得通用。故以兩班經費。較諸一班僅加十之六七。即可敷用也。

第十三條　學堂灑掃茶水搖鈴等事。應由堂長輪派學生任之。但高等小學。雖僅學生一班。如有特別情形。可酌用雜役一人。初等小學須有小學生二班以上。方可酌用雜役一人。高初兩等小學有學生四班以上。書算等事較繁。可酌用司事一人。均聽堂長指揮。以從事庶務。

第十四條　學堂堂長照章以教員兼充。除已得教員薪金外。略加津貼。此項津貼及司事雜役之費。即在特別支款項下開支。

第十五條　高等小學堂加班次過二班以上。亦可特任堂長。惟須兼教修身或講經國文等一門功課。其薪金不得逾教員之數。由勸學員長陳明地方官核定。即在特別支欵項下開支。

第十六條　學堂除茶水外不備飯食。堂長教員酌送膳金。其班次較多。須用雜役或司事者。食費概包括於工資內。不得另支。

第十七條　因地方特別情形。照額定常年經費至多之數。尚須增加者。應按照

第五條辦理。其能照定額節省者聽。遇閏月之年。此項經費。得照月額增加。

第四章　教員薪額

第十八條　教員薪金。已抱括於常年經費之中。但有等級及支用之法。應別爲教員薪額專項。以資參考。

第十九條　教員薪金應按月計算。茲訂月薪表如左。

職名＼等級	第一級	第二級	第三級	第四級	第五級	第六級	第七級	第八級	第九級
本科正教員	三十圓	廿五圓	二十圓	十八圓	十六圓	十四圓	十二圓	十圓	八圓
專科正教員	廿四	二十圓	十六圓	十四圓	十二圓	十圓	八圓	六圓	
副教員	十四圓	十二圓	十圓	八圓	六圓				

第二十條　右表係將高初兩等小學教員月薪列爲一表。但初等小學教員月薪至多之數。不得過表中第五級。

第二十一條　府廳州縣。率同勸學員長。按所屬地方情況。及財力分別。擬定該處教員應支薪金第級。呈請提學司核定。

第二十二條　其地方有特別情況者。得照教員月薪表。量爲減少。惟所減之數。較之月薪表最低級。不得少至二圓以上。

第二十三條　專科正教員。得按其教授時數。量減其相當等級之薪金。

第二十四條　專科正教員。得聽兩堂以上連合聘用。其薪金應按照所教鐘點。由各堂分別擔任。

第二十五條　各項教員月薪。在最低級者。應酌量地方情形。及教授年數按級遞進。

第二十六條　高等小學本科正教員。既受第一級之薪金。又有特別勞勤者。其月薪得遞增至六十圓。初等小學本科正教員。既受第五級之薪金。又有特別勞勤者。其月薪得遞增至三十二圓。惟此項增加之欵。及所有特別支欵。應由地方官、及勸學員長、地方學務專員。另行籌給。不得算入學堂常年經費之內。並須由地方官及勸學員長呈明提學司查核。

第二十七條　各項教員於一學堂教授滿五年以上。照優待教員章程。應酌加津貼。此項用欵應按照第二十六條辦理。

第二十八條　邊遠地方。在內地聘訂教員。不能照月薪表之規定者。應由提學司詳明學部核奪。

第二十九條　高等小學生一班。用正教員一人。亦得專用副教員一人。其有二班者。用正副教員各一人。亦得用專科教員一人。三班則用正教員一人。副教員二人。亦得用專科教員一人。四班則用正教員二人。副教員二人或三人。亦得用專科教員一人。餘由此類推。

第三十條　初等小學。應用學級擔任法。每教員教授一班。其二班者得用正副教員各一人。三班則用正教員一人。副教員二人。四班則用正副教員各二人。餘由此類推。

第五章　附則

第三十一條　以上所定各費。各小學堂。應一律遵守。實用實銷。如有違背者。由提學司或學部所派視學官查出。除更正外。即將該學堂堂長及主管欵項之人撤換。其有虛揑侵蝕等弊。應由提學司查明懲罰。

第三十二條　本章程有未盡事宜。應由提學司查明地方情形。另訂施行細則。詳由學部核之。

第三十三條　本章程若有修改及增補之處。得由學部隨時訂正通行。

八　教育會章程之頒布

先是江蘇紳士張謇等。組織江蘇省教育會。擬具章程。呈學部備案。其章程內容。多涉及政治。殆與省議會權限相同。因其時在淸廷預備立憲之前。各省諮議局尚未成立。意欲以省教育會作爲一省議事機關也。其時學部雖贊成官紳合力進行教育。而其權限究不可不加以限制。故於光緒三十二年六月。奏定各省教育會章程。原摺云。「教育之道。普及爲先。中國地廣人繁。必須上下相維。官紳相通。藉紳之力以輔官之不足。地方學務。乃能發達。自科舉停止以來。各省地方紳士。熱心教育開會研究者。不乏其人。章程不一。窒礙實多。有完善周密毫無流弊者。亦有權限義務尙欠分明者。臣部職司所寄。亟須明定章程。整齊而畫一之。權限說明。義務自盡。公同商酌。謹擬教育會章程十五條。奉旨後即由臣部通行各省一體遵照辦理。其已經開辦者。即令改照臣部章程以歸畫一。」於初八日奉旨依議。

各省教育會章程

第一節　宗旨

第一條　教育會成立之宗旨。期於補助教育行政。圖教育之普及。應與學務公所及勸學所聯絡一氣。

第二節　設立及名稱

第二條　教育會之設立在省會則議紳省視學各學堂監督堂長及學界素有聲譽者。均有發起總會之責。在府州縣則學務總董縣視學勸學員各學堂監督堂長及學界素有聲譽者。均有發起分會之責。

第三條　各地方紳民發起教育會者。應化除私見。集合同志。遵守本章程之宗旨。斟酌該地情形。擬定詳細會規。稟經該省提學司批准後。並陳明地方官立案。方爲成立。

第四條　敎育會爲全省所公立而設在學務公所所在之地者。稱某省敎育總會。爲府廳州縣所公設而設在本處地方者。（府有專轄之境地。如貴陽安順之類。得於州縣敎育會之外另立府敎育會其無專轄之境地者。不必復設）稱某府廳州縣敎育會。

凡一處地方只許設敎育會一所。但如省會之地。既設總會。復設同城某府或某縣之會者。不在此例。

第五條　總會許用鈐記。須呈明提學司。並由提學司詳報督撫咨學部存案。府縣敎育會許用圖章。須報明地方官詳報提學司存案。

第三節　總會與各會之關係

第六條　各省敎育總會。爲統籌全省敎育而設。各地方敎育會。爲籌一地方敎育而設。其範圍之廣狹雖異。而宗旨則無不同。各地方敎育會自應互相維繫。凡分會之於總會。不爲隸屬。惟須聯絡統合。以圖擴充整理。至如何聯絡統合之處應由總會與各分會商定詳細辦法。呈請提學司核准。

第四節　會員

第七條　會員之名目

一會長一員。　二副會長一員。　三會員。（無定員）　四書記與會計。（無定員）

五名譽會員。（無定員）

第八條　會員之資格

一會長副會長須品學兼優。聲譽素著。或於本地敎育有功者。由會中公舉。稟請提學司審察。確能勝任。方可允准。選充各以三年爲一期。期滿復被推舉。經提學司審察成績優者。准其接充。如期未滿而自請告退者聽。但須將事由報明提學司。

二書記與會計。即由會長副會長於會員中擇人委派。視事之繁簡。酌定人數。

三會員須品行端正有志敎育者。呈具入會願書。由確實之介紹人。加保證書。請會長審察允許。若會員屬本會發起人。則無庸另具願書及保證書。會員因有事故自行請退。應將事由報明會長而後出會。

四名譽會員。以品學素優或財力贊助該會。而譽望素無虧損者充之。

五外籍旅居該地之紳民。依本條第三項辦法得爲會員。

六現爲學堂之學生者。不得爲會員。

七凡學堂曾經黜退之學生。及游學外國。因事開除之學生。均不得爲會員。尤不得自與發起之列。

第九條　會員之職務

一會長。有採決衆議綜理會務之權。

一副會長襄助會長辦理會務。會長不能到會之時。則爲之代。

一書記司理文件。會計經管帳目。須常川在會。分執各事。

一會員應聽會長及副會長之指揮。同心協力圖本會之發達。

一名譽會員。雖不能常川到會。亦應隨時留心教育。共助該會之發達。

第十條　會員應歲出六元以上之會金。

第五節　會務

第十一條　會中應舉之事務列左。

一立教育研究會。以求增進學識。

選聘講師定期講演。（教育史、教育原理、教授法、管理法、教育制度、及他種種學科。）會員一律聽講。

二立師範傳習所。

選聘講師至短以一年爲期。傳授師範學科。以地方舉貢生員之年在三十五以上四十五以下。不能入各學堂肄業者充傳習生。卒業時應禀請提學司派員檢定。就其所學出題考試。合格者即予以憑照。得任小學堂副教員。設立時先須將教員姓名及課程表。呈請提學司查核。

三調查境內官立私立各種學堂後開事項。

一管理教授之實況。

一教科用之圖書器具種類程度。是否完備合式。

一校地及衛生之合否。
一學生之行檢如何。
地方各學堂管理教授一切課程。如有不合之處。於私立學堂。應直接規勸助其改正。於官立學堂。則條陳於本管官吏或本省提學司。聽候酌辦。
四作境內教育統計報告當詳記後開事項。
一地方戶口與學齡兒童之數。（此條屬與勸學所會商辦理）
一官私立小學若干所。及建立年月。
一各種學堂若干所。及建立年月。
一各學堂管理員教員之籍里姓名。
一各學堂學生人數。
一各學堂學科及教授時間。
一各學堂經費數目及所自出。
每年於四月十月編成表册呈報提學司以備稽查。

五參考他處興學之法。詳察本地風土所宜。得隨時條陳於提學司。並時應提學司及地方官之諮詢。但止宜聽候採擇。不得有要求之事。

六擇地開宣講所。宣講聖諭廣訓。並明定教育宗旨之上諭及原奏。以正人心而厚風俗。他如破迷信。重衞生。改正猥鄙之戲曲謌謠等事。均應隨時注意設法勸戒。並可採用影燈油畫之法。以資觀感。

七籌設圖書館。教育品陳列館。及教育品製造所。並搜集教育標本。刊行有關教育之書報等。以益學界。

第六節　簿冊文件

第十二條　會中應備後開各項之簿册文件。

一會籍　列記會員之姓名籍貫年齡職業。及現在住所到會年月。

二入會願書及保證書。

三記錄　凡會員全體或一人。關於會務有所設施建議。皆詳紀之。又會中日行事件。須有日記。

四講稿　凡講義宣講等類。皆須存稿。並錄呈提學司。
五函牘　凡內外往來私函公牘。均應依次檢存。
六帳簿　詳記各項收支帳目。並現存財產目錄。每年呈報提學司及地方官。每四個月將帳目登報並榜示一切。

第七節　解散及獎勵

第十三條　各學會應由提學司稽查。若有犯後開各條者。即令解散。
一徒襲用教育會之名。並不設研究所以求學問。
二干涉教育範圍以外之事。（如關於政治之演說等）
三勒索捐欵取圖私利。
四會員時起爭端不能融和。
五挾私聚衆阻礙行政機關。
第十四條　各學會每屆三年由提學司考核一次。成績優良者。得詳請督撫酌給獎勵。其會員中品學修明。任事篤實者。則選任本省學務議紳。並擇其相宜之事酌予委任。

第八節

第十五條　此項章程。凡以後各省及各地方設立教育會時。一切遵行。其章程未頒行以前所立之教育會。亦當一律遵用。不得歧異。

九　頒行女學堂章程

先是奏定學堂章程。僅將女學歸入家庭教育法內。尙無章程之規定。及學部設立時。京外臣工條奏請辦女學者。不止一人一次。而學部官制。又將女學列入職掌。以待後日之實行。故於光緒三十三年正月。擬定女子師範學堂章程三十八條。女子小學堂章程二十六條入奏。於當日奏旨依議。此實中國有女學堂章程之始也。其章程大致如左。

女子師範學堂章程

立學總義。(一)女子師範學堂。以養成女子學堂教習。並講習幼兒保育方法。期于裨補家計有益家庭教育爲宗旨。(二)女子師範學堂。限定每州縣必設一所。惟此時初辦。可暫于省城及府城由官籌設一所。(三)女子師範學堂。由官設立者。其經費當就各地籌款備用。女子師範生。無庸繳納學費。(四)女子師範學堂亦許民間設立。惟須先將詳細辦法章程。經提學使批准。(五)開辦之後。地方官有保護之責。各該學堂辦理有未合者。地方官應隨時糾正。

學科程度。(一)女子師範之學科。爲修身、教育、國文、歷史、地理、算學、格致、圖畫、家事、裁縫、手藝、音樂、體操。(二)修業年限爲四年。教授日數。每年四十五星期。教授時間。每星期三十四點鐘。(三)女子師範學堂。可酌設預備科。使欲入師範科而學力未足之女生。補習各種科學。其科目可斟酌女子高等小學堂第三四年程度定之。

考錄入學。(一)學生入學。以畢業女子高等小學堂第四年級年十五歲以上者爲合格。其畢業女子高等小學堂第二年級。年十三歲以上者。亦可入學。惟當令其先入預備科補習一年。再升入女子師範科。至現時創辦。可暫以與畢業高等小學堂學力相等者充之。(二)選女子師範生入學之定格。須取身家清白。品行端淑。身體健全。且有切實公正紳民及家族爲之保證。方收入學。

編制設備。(一)每一班之學生以四十人爲限。每學堂不得過二百人。(二)學堂建設之地。其位置及規模。必須與學堂相稱。且須擇其隣近人家之風俗。於道德衛生均無妨碍者。(三)學堂內當按學科之門類備設諸堂室。1通用講堂。2格致圖畫等專用講堂。3家事裁縫手藝等各實習室。4圖畫室器具室。5禮堂。6管理員室及其餘必需諸室。7體操場。(四)學堂內應分設學生自習室。寢室。監學室。會食堂。盥所。浴所。養病所。厠所。應接所。均宜全備。(五)女子師範學堂。當設附屬女子小學堂及蒙養院一所。以便師範生實地練習。

監督敎習管理員。(一)女子師範學堂應置各科敎習管理員。1監督。2敎習。3副敎習。4監學。5附屬小學堂堂長。蒙養院院長。(二)學堂敎習。許聘用外國女敎習充之。惟須選聘在女子高等師範畢業品學優良者。且須定明應與中國女敎習研究敎法。其研究時限由該學堂自行酌定。(三)凡外客來觀覽學堂考察敎育者。無論中外人。非由公正官紳介紹。且經總理監督認可者。不得入堂觀覽。(四)學堂既有寢室。女師範生皆須住堂。不得任意外出。其星期及因事請假者。必須家人來接方令其行。

敎職義務。(一)女子師範學堂畢業生。自領畢業文照之日起。三年以內。有充當女子小學堂敎習或蒙養院保姆之義務。(二)女子師範學堂畢業生。如有不得已事故。實不能盡敎職義務者。由地方官查明稟奉提學使允准。量繳學費。可豁除其敎職義務。(三)女子師範學堂畢業生。如有不肯盡敎職之義務。或因事撤銷敎習憑照者。當勒繳在學時所給學費。其數多少臨時酌定。

女子小學堂章程

立學總義。(一)女子小學堂。以養成女子之德操與必須之知識技能。並留意使身體發育爲宗旨。(二)女子小學堂與男子小學分別設立。不得混合。(三)女子小學堂分爲女子初等小學堂。女子高等小學堂。兩等並設者。名爲女子兩等小學堂。(四)女子初等小學堂。使七歲至十四歲者入之。女子高等小學堂。使十一歲至十四歲者入之。

學科程度。(一)女子初等小學堂之敎科。凡五科。曰修身國文算術女紅體操。外音樂圖畫二科。爲隨意科。得斟酌加入。(二)女子高等小學堂之教科凡九科。曰修身、國文、算術、中國歷史、地理、格致、圖畫、女紅、體操、外音樂一科爲隨意科。得斟酌加入。(三)女子初等高等小學堂修業年限均爲四年。其星期授業鐘點。在女子初等小學堂至少以二十四點鐘爲率。多不得過二十八點鐘。在女子高等小學堂至少以二十八點鐘爲率。多不得過三十點鐘。但依地方情形有祇教半日者。則年限鐘點可酌量變通。(四)女子小學堂可於本科外設置補習科。使已畢業女子初等小學堂及有與之同等以上之學力者入學。以補足其學力。(五)女子小學堂所用教科書須經學部所檢定有著作權者。如同一教科之圖書受檢定有數種者。可呈明提學司採用之。

編制設備。(一)女子小學堂每一學級至多以六十人爲限。初等或高等小學堂。每堂學級各以六學級爲限。兩等小學堂以十二學級爲限。(二)凡女子小學堂建設之地。及各種堂室體操場用具。均須適宜於學堂之規模。建設之地須選於道德衞生上均無妨害。且便利兒童通學之所。各種堂室。亦須便於教授管理。適於衞生。

且須以質樸堅牢爲主。不可涉於華靡。(三)女子小學堂本無庸設置寄宿舍。但在女子高等小學堂。暫時可聽其設置。(四)依地方情形。可酌設教習住宅。

教習管理員。(一)女子小學堂設堂長一員。統理全學教育事宜。其學生在四級以內者。以正教習兼充。踰四級者自當另置。(二)每學堂設立正教習副教習若干人。均照男子小學堂章程以學級多寡配置。(三)女紅圖畫音樂體操等科。可置專科教習。(四)女子初等高等堂長教習。均須以女子年歲較長素有學識。在學有經驗者充之。(五)女子小學堂可置經理一人。管理學堂一切規畫措置及公文書件收支等項。並學堂外一切交涉事務。若在六學級以上之學堂。尚可酌添書記庶務員。

十　政學堂章程之頒布

清光緒三十二年五月。政務議覆給事中陳慶桂奏請推廣游學摺內稱。「國家造就人才。自宜統籌辦法。應由學部設立法政學堂。凡各部院人員。情願肄業者。悉數報名收考。三年畢業。又七月十七日學部具奏。變通進士館辦法摺內。聲明原有堂舍。應即籌辦別項學堂。現在進士館學員年內即已畢業。學部相度該館房舍。於改設法政學堂最爲相宜。擬於明春開辦。名曰京師法政學堂。其擬定辦法。有云。「法政爲專門之學。非普通各學夙有根柢。兼研究東西各國語言文字。未易遽言深造。而各部院需才孔亟。凡已未服官之人。年力富强。有志肄業。尤應廣爲造就。以資任使。臣等公同商酌。其課程擬分爲預科。本科。及別科三種。預科兩年畢業後。升入本科。分習法律政治二門。各以三年畢業。俾可專精。別科一項。則專爲各部院候補候選人員及舉貢生監年歲較長者。在堂肄習。不必由預科升入。俾可速成。以應急需。亦三年畢業。以上各科均由考取入學。至此次吏部奏案各項分部人員。仍照章分發學習摺內稱「學部設有法政學堂。凡各部裁撤及新分司員筆帖式。並准其咨送學部分門學習。俟畢業後由該部考試分別等第。酌量辦理各等語」此項人員。概由咨送。不由考取。恐難繩以一律。學科擬於法政學堂內附設講習科。所有咨送各員。均在講習科肄業。其中國文學根柢太淺者。應令專力補習一年。俟其通曉後。再行升入」云云。

此項章程。即爲京外設立法政學堂之起始。別科講習科。與今日之專修科相似。不過不限定學校畢業之資格耳。至京師法政學堂之校址。則爲今日之法政大學云。嗣後學部復通行各省。添設法政學堂。（光緒三十二年）又奏添推廣私立法政學堂。（宣統二年）而法政學堂遍於全國矣。

十一　京師圖書館之設置及頒布京外圖書館章程

清末豫備立憲各部均有擬定之分年籌備事宜。學部之籌備事宜單內。於宣統元年有在京師開設圖書館一條。於當年七月上奏云「圖書館爲學問之淵藪。京師尤繫天下觀望。我朝聖祖仁皇帝。世宗憲皇帝。臨雍講學。特頒圖籍。藏之成均。高宗純皇帝開四庫之館。薈萃載籍。建閣儲藏。著錄之數。綜七萬八千冊。又於熱河及鎮江揚州杭州等處。並建藏書之閣。頒給四庫全書各一份。士子就閣讀書。得以傳寫。嗣後東南三閣。悉燬於兵。私家藏書。往往流播海外。近年各省疆臣。間有創建書館。購求遺帙。以供衆覽者。江甯省城。經督臣端方購置杭州丁氏八千卷樓藏書。存儲其中。卷帙既爲宏富。其中尤多善本。並購得湖州姚氏揚州徐氏藏書數千卷。寄運京師。以供學部儲藏。並尤仍向外省廣爲勸導搜采。茲者京師創建圖書館。尤當旁搜博採。以保國粹而惠士林。無如近來經籍散佚。徵取良難。部款支絀。搜求不易。且士子近時風尚。率趨捷徑罕重國文。於是秘籍善本多爲海外重價鈎致捆載以去。數年之後。中國將求一刋本經史子集而不可得。此則臣等所日夜憂懼而思所以挽救者也。查中秘之書。內府陪都而外。惟熱河文津閣所藏。尚未遺失。近年曾經熱河正副總管查點一次。與避暑山莊各殿座陳設書籍。一併查明開單具奏在案。擬懇准將文津閣四庫全書。並避暑山莊各殿座陳設書籍。一併交臣部祗領。建館存儲。實於興學育才。大有裨易。又擇定建館地址。爲德勝門內之淨業湖南北一帶所在。水木清曠。可以避塵囂而昭穩愼云」 此奏爲張文襄公主稿。故仍本乾嘉藏書家遺緒。注重國學。至海外圖書。原奏雖亦言及。而所搜集者。大致爲譯學館各國文學之書而已。逮本年十二月又奏頒京外圖書館章程。此爲我國圖書館設立之權輿也。

附圖書館通行章程

第一條。圖書館之設。所以保存國粹。造就通才。以備碩學專家研究學藝。學生士人檢閱考證之用。以廣徵博採供人瀏覽爲宗旨。

第二條。京師及各直省省治。應先設圖書館一所。各府廳州縣治。應各依籌備年限。以次設立。

第三條。京師所設圖書館。定名爲京師圖書館。各省治所設者。名曰某省圖書館。各府廳州縣治所設者。曰某府廳州縣圖書館。

第四條。圖書館地址。以遠市避囂爲合宜。建築則取樸實謹嚴。不得務爲美觀。室內受光通氣。尤當考究合度。預防潮濕霉蝕之弊。

第五條。圖書館應設藏書室。閱書室。辦事室。

第六條。圖書館應設監督一員。提調一員。（京師圖籍浩繁。得酌量添設。以資助理。）其餘各員。量事之繁簡。酌量設置。京師圖書館。呈由學部核定。各省圖書館。呈由提學使司轉詳督撫核定。各府廳州縣治圖書館事務較簡。圖籍較少。祗設管理一人。或由勸學所總董學堂監督堂長兼充。

第七條。圖書館收藏圖籍。分爲兩種。一爲保存之類。一爲觀覽之類。

第八條。凡內府秘笈。海內孤本。宋元舊槧精鈔之本。皆應在保存之類。保存圖書別藏一室。由館每月擇定時期。另備劵據。以便學人展視。如有發明學術。堪資考訂者。由圖書館影寫刋印鈔錄。編入觀覽之類。供人隨意瀏覽。

第九條。凡中國官私通行圖書。海外各國圖書。皆爲觀覽之類。觀覽圖書。任人領取繙閱。惟不得汚損剪裁及携出館外。

第十條。中國圖書。凡四庫已經著錄。及四庫未經采入者。及乾隆以後所出官私圖籍。均應隨時采集收藏。其有私家收藏舊槧精鈔。亦應隨時假鈔。以期完備。惟近時私家著述。有奉旨禁行及宗旨悖謬者。一概不得采入。

第十一條。海外各國圖書。凡關係政治學藝者。均應隨時搜采。漸期完備。惟宗旨學說偏駁不純者。不得采入。

第十二條。京師暨各省圖書館。得附設排印所。刋印所。如有收藏秘笈孤本。應隨時仿刋印行。或排印發行。以廣流傳。

第十三條。京師圖書館書籍。鈐用學部圖書之印。各省圖書館書籍。由提學使鈐印。各府廳州縣圖書館書籍由各府廳州縣鈐印。無論爲保存之類。觀覽之類。概不得以公文調取。致有損壞遺失之弊。

第十四條。圖書館每年開館閉館時刻。收發書籍。接待士人各項細則。應由館隨時詳擬。京師圖書館呈請學部核定。各省圖書館暨各府廳州縣圖書館。呈請提學使司核定。

第十五條。圖書館管理員。均應訪求遺書及版本。由館員隨時購買。以廣搜羅。惟須公平給價。不得藉端强索。其私家世守不願出售者。亦應妥爲借出。分別刷印影鈔過錄。以廣流傳。原書必應發還。不得損汚勒索。

第十六條。海內藏書之家。願將所藏秘籍暫附館中擴人聞見者。由館發給印照。將卷册數目鈔刻欵式收藏印記。一一備載。領回之日。憑照發書。管理各員。尤當加意保護。以免損失。其借私家書籍版片鈔印者。亦照此辦理。

第十七條。私家藏書繁富。欲自行籌欵。隨在設立圖書館。以惠士林者。聽其書籍目錄。辦理章程。應詳細開載。呈由地方官報明學部立案。善本較多者。由學部查核酌量奏請頒給御書匾額。或頒賞書籍。以示獎勵。

第十八條。京師圖書館經費。由學部核定籌撥。撙節開支。各省由提學使司核定籌撥。撙節開支。各府廳州縣由地方公欵內撙節開支。

第十九條。京師及外省各圖書館。均須刋刻觀書劵。以便稽察。凡入館觀書。非持有劵據。不得闌入。

第二十條。圖書館辦事章程。如有未盡事宜。應隨時增訂。在京呈由學部核定施行。在外呈由提學使轉詳督撫核定施行。

以上爲學部設立以來創作之教育事業。此外關於改定奏定章程之事項。亦有犖犖數大端可供記載者。茲舉如左。

一變通初等小學堂章程。奏定學堂章程。關於初等小學之課程。科目過多。讀經之分量亦過重。當時教育界的主張。均謂其不適於國民教育。學部乃於宣統元年上奏云「初等小學。爲養成民國道德之初基。開知識謀生計之根本。查奏定學堂章程。本有完全科簡易科兩種。初等小學堂完全課程科目。凡修身、讀經講經、中國文學、歷史、地理、格致、算術、體操、八科、五年畢業。又載鄉民貧瘠之區師儒稀少。不能不量從簡易。以期多設。應另定小學簡易科。將來畢業。儘可於高等小學堂補習所缺。仍可進於高等小學堂。又載初等小學堂。建造務期樸實。斷不可務爲觀美。致財力難於籌措。反有碍於教育之推行。外國鄉村小學。率皆簡樸遷就。故能村塾林立等語。又載凡有一人出資獨力設一小學堂或家塾。招集鄰近兒童附塾課讀。人數在三十人以外。又塾師設館招集兒童。在館受業在三十人以外者。名爲初等私立小學。均遵官定章程各等語。定章本意。初等小學堂。所以期設置之完全。小學簡易科。所以求推行之便利。初等私立小學。即將私塾教法。包括在內。就深就淺。各有所宜。本未嘗以詳章繁費。偏責諸椎魯之兒童。窮僻之鄉里。惟近年以來。稽諸各省冊報。揆之地方情形。大抵都會城鎮設立初等小學校者尙多。鄉僻之區。學堂蓋寡。即小學簡易科。亦復寥寥。蓋今日州縣官盡心教育者。實罕其人。但欲襲其外貌。姑設一二。塗飾耳目。足以搪塞上司文檄而止。並不詳解定章。分別勸導。而紳士往往但就現有學費。任意開支。亦不復爲節用求實之計。村儒不繹奏章。藉口觀望。以致私塾義學蒙館之類。亦遂日少。子弟坐廢職此之由。必應及時籌畫。力圖擴充。一年以來。臣等多方考求。詳加籌酌。大抵小學之少。固由於官紳之不力。而其所藉爲口實者。約有數端。如經費多則立學甚難。課程繁則師資不易。讀經卷帙太多。不能成誦。國文時刻太少。不能勤習。以上各節。其流弊固亦不可不防。自不能不量爲變通。謹擬將初等小學教育分爲三種。一曰初等小學堂。爲學堂統系之原始。異日升入各學之初階。其課程必求其完備。將來升學之時。可以程度適合。惟從前奏定初等小學堂課程。分爲修身、讀經講經、中國文學、歷史、地理、格致、算術、體操八科。民間往往以科目過多。師資難得。經費難籌。坐是因循疑沮。有誤時機。小學教育未能普及之故。此其一端。現擬酌量省併。約爲五科。曰修身。曰讀經講經。曰中國文學。曰算術。曰體操。其歷史地理格致三科。則編入文學讀本內教之。並附入樂歌一科。手工圖畫。仍作爲隨意科目。以存其舊。似此酌量省併之後。課程並不繁難。學生四五十人。一人可以遍授。

不必多聘敎員。則經費自然節省。興辦較易爲力。其讀經一科。原授孝經論語學庸孟子。及禮記節本。但有講解誦習。不令學生默寫背誦。現在體察中國學生情形。兼博訪日本學堂辦法。其學科中亦多須熟讀成誦之科。擬將讀經一科。定爲講解背誦回講默寫四項。不得缺一。惟原定各經卷帙較多。未便一律責以成誦。因學庸理解高深。孟子篇幅太長。恐其記憶較難。現擬專授孝經論語及禮記節本三經。緩授學庸孟子。將來併入高等小學堂敎之。蓋多讀而不成誦。不如少讀而成誦。於誦習經訓較有實際。其國文一科原定授課時刻。每星期四小時。不敷敎授。現擬將國文一科鐘點格外加多。較舊章約增數倍。當不至有荒經蔑古道喪文敝之慮。至授課時刻。原定每星期三十小時。現擬自第二年爲始。一律改爲三十六小時。星期以半日温習舊課。半日休息。暑假年假。酌量各省地方情形量予縮短。仍以五年畢業。此將初等小學堂章程酌加改定之大概情形也。一曰小學簡易科。所以輔初等小學堂之不足。課程較簡。經費更省。凡地方瘠苦。公私欵項無多。不能多設初等小學堂者。以及民間自立私塾。敎其子弟。不能仿照初等小學辦理者。准其設立小學簡易科。其必修課程。約爲三門。曰修身讀經。曰中國文學。曰算術。其體操一科。學堂設在城鎭者。亦列爲必修科目。學堂設在鄉村者。現因體操敎員缺乏。暫作爲隨意科目。手工圖畫。亦作爲隨意科。與初等小學堂一律辦理。惟是小民力有不齊。因之就學年限。不能預定。擬分爲兩類。一類程度較深。定爲四年畢業。一類程度略淺。定爲三年畢業。聽民間自爲忖度。擇其力所能至者入焉。授課時刻。放假日期。與初等小學堂相同。雖年限略短。其學生畢業之後。欲再求深造者。所缺功課。可於高等小學堂補習之。即無力深求者。亦可藉爲正德厚生之資。此將小學簡易科又分爲兩類之辦法也。似此區爲三類。酌量變通。有初等完全小學堂示以準的。又有兩種類小學簡易科爲之輔助。課本現已次第頒行。敎授亦應較易。富庶之區。固可以力求美備。即僻陋地方。亦得量其力所能至。擇辦兩類小學簡易科。無論寺廟民家場圃村舍。皆可爲學。無論舉貢生監及學問較淺之寒儒。旣有頒發課本。照此講授。皆可爲師。當不至再諉於財力不繼。師資難得。致礙敎育前途。如此則官立公立小學堂之外。私塾日多。識字之人日衆。庶幾可冀有教育普及之一日矣。」旋奉上諭。學部奏酌量變通初等小學堂章程。並原有小學堂簡易科。酌擬兩類辦法。以期學徒日多。教育漸臻普及。繕單呈覽一摺。所奏尙屬切實易行。著各省督撫督率提學使。無論官學私塾。均當遵照此次定章。分別地方情形。切實舉辦。並隨時派員認眞考核。嗣後辦學官紳。如再有因循欺飾。不遵章程者。即由學部查明嚴行參處。務期學校日興。民智日啟。以仰副朝廷敷教牖民之至意。」後高等小學經學課程亦有改訂。係減去易經。改授學庸孟子詩書等經云。此次分小學爲三科。依然牽就舊章。逮宣統二年。學部復奏改兩等小學課程。殆將舊章完全廢止。其辦法係廢去分三科之規定。統爲一科。以四年爲畢業期限。删去簡易科名目。並定初等三年每日授課四小時。三四年則增至五小時。高等小學課程亦酌加修改。至讀經講經科目。初等前二年廢止不讀。後二年每週五小時。止讀孝經論語。至此學部歷來減少讀經之理想。殆將實現。此種章程。施行未及一載。而淸室屋矣。

二變通中學堂課程。分爲文實兩科。奏定章程。於中學讀經科目分量。尤爲繁重。

而當時拘於尊孔之教育宗旨。不但不能廢止讀經。即減少分量。亦難實行。故當時用調停辦法。采歐洲中學制。文實分科。分途進行。當時教育界輿論。有謂學生選科之困難。有謂兩科中學之難併設。不便於學生選擇。有謂教員難得。設備難周。故定制初頒。議論鋒起。然文實分科。實便於發達學生之個性。故民國以來。教育會聯合會開會研究學制。仍採用文實分科之議。可見一學制之頒行。不可徒以議論定其優劣。必經歷年之經驗。始能決定也。學部於宣統元年三月上奏中學堂課程。分爲文科實科之文。其大致云。「治民之道。不外教養。故學術因之有文學與實業之異。特是教養兩端。分之則各專一門以致精。合之則循環相濟以爲用。小學堂之宗旨。在養其人倫之道德。啟其普通之知識。不論其長成以後。或學文學。或習實業。皆須以小學立其基。所不能分者也。至中學堂之宗旨。年齒已長。趨向已分。或令其博通古今。以儲治國安民之用。或令其研精藝術。以收厚生利用之功。於是文科與實科分焉。馴至升入大學。任以職官。而其學業各有注重。其成績自各有專長。查從前奏定中學堂課程。凡分修身、讀經講經、中國文學、外國語、歷史、地理、算學、博物、物理、化學、法制、理財、圖畫、體操十二門。五年畢業。普通學科。大略皆備。果使教者善教。學者善學。五年畢業之後。其不再升學之學生。於普通知識道德。當足應用。惟學生畢業有志升學者。其所志既有殊異。而所升之學堂。亦有文科實科之不同。以分科大學言之。則經科、法政科、文學科、皆文科也。格致科、農科、工科、醫科、皆實科也。商科課程。略與法科相似。實業之近於文科者也。以高等專門學堂言之。高等學堂之第一類、優級師範學堂之第一二類、高等法政學堂、高等商業學堂、方言學堂、亦與文科爲近。高等學堂之第二三類、優級師範學堂之第三四類、高等農業學堂、高等工業學堂、高等商船學堂、亦與實科爲近。學文科者當求文學之精深、學實科者尤期科學之純熟。中國文學既難。加以科學又極繁重。果能於五年之內。二者兼通。豈非甚善。無如近日體察各省情形。學生資性既殊。志趣亦異。沈潛者於實科課程爲宜。高明者於文科學問爲近。此關於天授者也。志在從政者。則於文科致力爲勤。志在謀生者。則於實科用功較切。此因於人事者也。本此數因。遂生差異。竊查近日考試各省中學堂學生。畢業分數。或文學優於科學。或科學優於文學。則以平日用功有畸重畸輕之故。至若天資穎異。各科俱優。則一堂不過數人。未可以常例繩之也。昔宋臣胡瑗之設敎湖州也。經義治事。分齋授業。其子弟成就最多。近世德國學術號爲極盛。考其中學堂之制。文科實科。則係分堂肄習。近來言者條陳學務。亦頗有以文實分科敎授爲言者。臣等公同商酌。籌度再三。遠稽湖學良規。近采德國成法。擬諸學堂之情形。實以文實兩科爲便。蓋與其於升學之時多所遷就。何如於入學之始早爲區分。與其蹈愛博不專之譏。何如收用志不紛之效。擬將中學堂分爲文科實科。其課程仍照奏定章程十二門分門敎授。惟於十二門之中。就文科實科之主要。權其輕重緩急。各分主課通習二類。文科以讀經講經、中國文學、外國語、歷史、地理、爲主課。而以修身、算學、博物、理化、法制、理財、圖畫、體操、爲通習。實科以外國語、算學、物理、化學、博物、爲主課。而以修身、讀經講經、中國文學、歷史、地理、圖畫、手工、法制、理財、體操、爲通習。主課各門授課時刻較多。通習各門較少。皆以五年畢業。學生入學之初。令其分科肄習。則心志專一。程功自易。時日寬紓。所得較深。將來有志升學也。本其所學。再求精深。可以收一氣貫注之效云。謹將文實兩科學科程度分別繕呈覽。如蒙俞允。即由臣部行知各省一體遵行。自奉到部文之日以後。凡開辦中學堂。暨已設之中學堂。內添招學生。卽照此次奏定文實分科辦法。於一堂之內。分設兩科云云。」

三頒布簡易識字學塾章程。　前清末季。教育輿論。趨重於普及教育。故欲普及教育之實現。既應詳考就學兒童之實際。復應顧及年長失學之人。故學部當時有簡易識字學塾章程之規定。其原奏云。「今日教育之困難。屬於辦學者有二。屬於就學者亦有二。民瘠則經費難籌。地僻則師資缺乏。此辦學之難也。生計操作之鮮暇。書籍用品之無資。此就學之難也。憲政編查館。會於立憲九年預備單內。奏設簡易識字學塾。欲以輔小學教育之不及。而期以無人不學爲歸。規畫極爲周至。惟此項學塾。既以簡易爲名。則一切章程。必使易知易從。而後不背乎委曲變通之旨。臣等公同商酌。擬請凡官立公立私立各項學堂經費稍裕者。皆令附設此項學塾。則期月之間。較舊設學堂之數。可以驟增一倍。此外推廣設立者。並得租借祠廟及各項公所另行開辦。但經費務須極力從省。其圖書器具不必求備。但以略可敷用爲主。此項教員科學亦不必求全。但使文理通順。略具普通知識者。即可取爲師資。庶無經費難籌教員缺乏之弊。至學生一律不收學費。其畢業年限。定爲三年以下一年以上。其授課時間定爲每日三時或二時。庶貧寒無力入學之子弟。及年長失學之人。皆節縮其操作之光陰。以從事於修業。庶無就學困難之弊。所有此項章程頒行之後。凡地方官吏及各項學務人員皆應通力合作。認眞考核。庶學堂多一讀書之人。即地方多一明理之人云云」

附簡易識字學塾章程

一簡易識字學塾。專爲年長失學及貧寒子弟無力就學者而設。其課程專教部頒簡易識字課本。國民必讀課本。並酌授淺易算術（珠算或筆算）。教授完畢。即准作爲畢業。至其畢業年限定爲三年以下。一年以上。（年長失學急於謀生。入此項學塾者。或三年、或二年、或一年、均可聽便。家貧年幼入此學塾者。自以三年畢業爲宜。如力不能學至三年。亦可酌量變通）每日教授鐘點定爲三小時或二小時。應由勸學所詳查各學塾辦理情形酌定。彙呈督學局或提學司備核。

一此項學塾畢業。願升學者。得升入初等小學第四年。

一此項學塾畢業生。均發給憑單。注明肄業年限及識字若干。

一此項學塾。得酌授體操。作爲隨意科。

一簡易識字課本計分三種。（遵照奏章。一種三年畢業。一種二年畢業。一種一年畢業）國民必讀課本計分二種。（一種較深者。一種較淺者）應用某種課本。由各學塾擇其力所能至者選用教授。

一此項學塾。視經費所自出。分爲官立公立私立三種。每縣城（州治廳治同）及著名村鎭務須先由官設立一二所。以資提倡。其紳富捐助鉅欵創辦者。准與捐助學欵一律請奬。

一督學局及提學司應自此章頒布之日起。預定此數年內每年推廣辦法。分飭地方官及學務人員。逐年趕辦。

一此項學塾。應由勸學所總董認眞經理。每三個月應將境內學塾數目及每期學生增減之比較。在京呈報督學局。在各省呈報提學司察核。督學局及提學司。每半年彙報學部一次。以憑稽考。

一設立此項學塾。爲地方官及勸學所總董之專責。地方官及自治會。並應任籌款之責。即以此事作爲地方學務考成。由該省提學司認眞考核。其成績較優者。量加獎勵。不力者輕則記過。重則詳請督撫參辦。

一此項學塾。可租借祠廟及各項公所。除黑板講台自應新置外。所有椅棹器具。亦可賃借應用。

一凡已設之官立公立私立各項學堂。歲入經費。較爲充裕者。均應附設此項學塾。其學生人數多寡。不必拘定。由督學局及提學司督勸辦理。

一此項學塾。可仿日本二部教授法。以上半日下半日分班。並可增設夜班。

一此項學塾。附設各項學堂之內者。授課時間。應定爲晚七點鐘至九點鐘。或午後四點鐘至六點鐘。以及星期年假暑假講堂閒曠之日。均得多定鐘點。酌量授課。

一此項學塾。應按學生年齡。及所認畢業年限。分班教授。如學生人數無多。程度又復不齊。則用單級教授法合班教授。

一學生不收學費。應用書籍物品。概由塾中發給。

一此外所有未盡事宜。應由督學局及提學司。就實在情形。量爲更定。呈部備核。

前清教育行政。自中央設立專部。省設教育廳。縣設勸學所以來。凡百設施。多不勝舉。除創作事業及改訂學校章程外。如改訂各學堂考試章程。丙午十二月 高等學堂畢業調京覆試。中等學堂畢業調省覆試各辦法。己酉九月 考試游學畢業生章程。己酉八月 此關乎考試獎勵者也。奏定檢定小學教員章程優待小學教員章程。己酉十一月 議決地方學務章程。庚戌十一月 及此項章程之施行細則。庚戌十二月 此關乎小學教育及地方教育者也。審定中小學教科書目。自學部成立頒發數次 編輯各種教科書並割各省學司翻印初高兩等小學教科書辦法。庚戌十月 編輯國民必讀課本。己酉十二月 此關乎整理教科書者也。奏定管理游日學生監督處章程。丙午十月 妥籌日本官立五校經費（己酉十一月）奏擬管理歐洲游學生監督處章程。（庚戌三月）奏收還美國賠欵遣派學生赴美留學辦法。（己酉五月）此關乎派遣留學生者也。又前所舉圖書館簡易識字學塾。均有分年籌備之說。其籌備事項之入奏。在前清光緒三十四年。雖其事未盡實行。然其所定之計劃。在當時効力頗大。且有爲日後所採用者。茲錄其所擬者如左。

宣統元年。預備立憲第二年。頒布簡易識字學塾章程。頒布簡易識字課本。頒布國民必讀課本。頒布視學官章程。頒布檢定兩等小學教員及優待教員等項章程。頒布初等小學各科教科書。頒布中學堂初級師範學堂教科書審定書目。頒布女學服色章程。頒布圖書館章程。增補學堂管理章程。編訂兩等小學堂中學堂教授細目。並行督學局及各省學司派兩等小學堂中學堂教員同時編訂某項學堂教員。即令編輯某項學堂細目。由該局及各該學司選擇善本。限年內送部考核。以備採擇。編定各種學科中外名詞對照表。（擇要先編。以後按年接續）京師籌辦大學分科。京師開辦圖書館。（附古物保存會）。京師及各省設簡易識字學塾。各省優級師範學堂中等實業學堂初級師範學堂。各府中學堂未設立者。限本年一律設齊。（優級師範可先設一兩科。初級師範學堂可聯合兩府或三府共設一處實業學堂或工業或農業或商業。可隨宜先設其一。其邊僻省分不能依限設齊者。該省學司應將不能設齊之緣由申達學部。）各廳州縣及城鎮鄉推廣兩等小學堂。行各省學司整頓已設之各項學堂均附整頓辦法。行各省督撫飭學司體察該省情形。照後開四項預定分年籌備事目。按年列表。（自宣統元年至宣統八年。）附加解說。（已設者如何整理擴充。未設者如何次第籌辦。）限年內送部核定。四項列後。

一師範教育優級四類先設幾類。至第幾年設齊。初級師範全省擬設幾處。至第幾年設齊以及女子師範保姆講習所。凡關係師範教育之類。均將辦法次第及成立期限並按年推廣之法。列入表內。以下之三項同此。

一普通教育小學、中學、女學、蒙養院、半日學堂、簡易識字學塾、官話講習所。以及私學改良、風俗改良、宣講所。凡關係普通教育之類。

一實業教育各等各項實業學堂實業教員講習所以及藝徒學堂補習普通

之類。

一專門教育各項高等學堂專門學堂博物舘測候所以及遣派出洋留學生之類。派視學官分查各省學務。（二十二省三年編查一次。某年查某省。臨時酌定具奏。）各省提學使在任滿三年者。由學部照章實行考核。或留或升。或調或實授或撤回。請旨遵行。編訂全國學堂統計表。（自本年起每年編一册。）通行各省以資比較。編纂學部則例。

宣統二年。預備立憲第三年。頒布高等小學教科書。頒布小學中學教授細目。審定各高等專門學堂所送講義。編輯中學堂教科書。編輯初級師範教科書。編訂官話課本。編訂初級師範學堂教授細目。並行督學局及各省學司派初級師範學堂教員同時編訂。由該局及各該學司選擇善本。限年內送部考核。以備採擇。編輯女子小學教科書。編輯女子師範教科書。改正已發行之各種教科書。（以後年年照行。）編輯各種辭典。（以後逐年續編。）頒布檢定中學教員及優待教員等項章程。頒布檢定初級師範教員及優待教員等項章程。實行檢定兩等小學教員及優待教員等項章程。（以後每年續行。）行各省因城鎮鄉已定之界域。分劃學區。行各省督撫飭學司照學部核准該省所擬分年籌備事目。估計逐年所需經費。應出自國稅者若干。應出自地方稅者若干。行各省一律設立存古學堂。行各省一律開辦圖書館。行各省學司所有省城初級師範學堂及中小學堂兼學官話。此項課本未經頒布以前均遵舊章講讀聖諭廣訓直解。派視學官分查各省學務。派員查看華僑學堂。（間年查看一次。）訂擬蒙藏回各地方興學章程。

宣統三年。預備立憲第四年。京師籌設專門醫學堂。京師籌設專門農業學堂。頒布中學教科書。頒布初級師範教科書。頒布初級師範教授細目。頒布女子師範教科書。頒布女子小學教科書。頒布檢查學生體格章程。頒布官話課本。京師設立官話傳習所。行各省設立官話傳習所。編譯高等專門以上學堂各種科學用書。（以後年年接續。）修定各學堂畢業獎勵章程。實行檢定中學教員及優待教員等項章程。實行檢定初級師範教員及優待教員等項章程。

擬訂學堂教員列爲職官章程。派視學官分查各省學務。（是年查編第一周）。

宣統四年。預備立憲第五年。京師籌設專門工業學堂。京師籌設專門商業學堂。行各省督撫飭學司清查全省十五歲以下幼童人數及已未就學各若干人。（以後年年清查一次。年終報部。）行各省督撫就地方自治經費內劃分學務經費。行各省推廣官話傳習所。試行學堂教員列爲職官章程。定選派大學分科畢業生出洋留學章程。派視學官分查各省學務。

宣統五年。預備立憲第六年。行各省督撫飭學司確查全省人民識字義者若干人。（以後年年清查一次。）行各省學司所有府直隸州廳初級師範學堂及中小學堂兼學官話。派視學官分查各省學務。編訂中學堂法制課本。預算明年學部及京外學務經費。（以後年年照行）

宣統六年。預備立憲第七年。派視學分查各省學務。（是年查編第二周）奏報全國人民能識字義人數。續行編纂學部則例。

宣統七年。預備立憲第八年。頒布强迫教育章程。京師籌設音樂學堂。派視學官分查各省學務。奏報全國人民能識字義人數。宣統八年。預備立憲第九年。試行强迫教育章程。行各省學司所有廳州縣中小學堂兼學官話。（是年檢定教員章程內加入考問官話一條。初級師範學堂中學堂高等小學堂。各項考試。均加入官話一科。）派視學官分查各省學務。（宣統九年查編第三周。以後每三年編查一次。）奏報全國人民能識字義人數。派員分查蒙藏回各地方學務。

至宣統二年十月。清廷又降諭云。「前經明降諭旨改於宣統五年開設議院。學部應籌辦普通教育等項。着即迅將提前辦法通盤籌畫。分別最要次要詳細奏明等語。」學部旋於十一月上奏擬定教育普及最要次要辦法。其時革命之機已迫。所規定者亦復不能扼要。謹臚舉改定法令寥寥數事。多未及實行。故不復列焉。總之前清教育之利弊。可證之宣統三年所開中央教育會議之意見。故以殿此期之終焉。

十二 中央教育令之召集

中央教育會議。爲學部大臣唐景崇所奏設。原奏云。「教育之興廢。爲國家强弱所由繫。教育之良否。爲人民智昧所由分。東西各國。莫不注重教育。合力通籌。以立强國智民之本。惟是教育理法。亟爲博深。教育業務。又益繁重。決非一二執行教育之人所能盡其義蘊。日本曾訂有高等教育會議章程。彙集教育名家。開議教育事項。上自大學。下至初等小學。均可列作議案。公同討論。文部省頗收集思廣益之效。意美法良。足資採取。伏念先朝疊頒明詔。預備立憲。海內人士。莫不冀教育發達。以覘人民程度。自創興學堂以來。分科大學及專門高等各學。中外辦學衙門。雖皆竭力籌設。然以中學畢業學生尚少。並困於教育經費。一切規畫。均未能驟期完備。揆諸近日情勢。尚可徐爲籌議。惟中學以下普及。與憲政尤爲息息相關。上年十月。欽奉明諭。開設議院。縮短期限。是普及教育。在今日實有迫不及待之勢。中國幅員遼廓。民生艱窘。其間士俗人情。又各自爲風氣。措辦學務。每多扞格。其普及教育之推廣維持。教授管理。在在均須廣集教育經驗有得學員。周諮博訪。始足以利推行而免阻礙。臣等籌思至再。惟有酌采日本高等教育會議章程。變通辦理。訂定中央教育會章程十四條。召集各項學務教員。在京師設立會所。由臣部監督。專議中學以下各事宜。其中難解之疑問。滯塞之情形。均可藉以溝通。取便措注。以爲臣部教育行政輔助之機關。如蒙俞允。即由臣等遵奉施行」云云。

附中央教育會章程

第一條。學部爲關於全國教育徵集意見。奏請設立中央教育會。

第二條。中央教育會設立於京師。由學務大臣監督之。

第三條。中央教育會應議事項。

一關於中小學堂教育之主旨。及關於學科程度設備管理事項。

一關於兩級師範中等以下各學堂督察事項。

一關於教科用圖書事項。

一關於兩級師範中等以下各學堂職員資格事項。

一學齡兒童就學義務及小學學費事項。

一國語調查事項。
一推廣義務教育事項。
一擔任維持學務經費事項。
一國家及地方補助學堂計畫事項。
一學堂衛生事項。
一此外學務大臣認爲必要之事得臨時提議。
第四條。會員資格及人數。
一學部丞參及各司長參事官各局局長。
二學部曾派充視學人員。
三學部直轄各學堂監督。
四民政部內外廳丞及民治司司長。
五陸海軍部軍學司司長。
六京師督學局二人。

七各省學務公所議長或議紳。及教育總會會長副會長。由提學使推舉一人或二人。
八各省學務公局科長。及省視學。由提學使遴派一人。
九各省兩級師範及中學堂之監督教員。及兩等小學堂長。由提學使遴派二人。
十著有學識或富於教育經驗者。由學部酌派三十人。
第五條。學部大臣認有必要事項。於前條會員外。得臨時派員到會與議。惟不得加入可否之數。
第六條。中央教育會。應由學務大臣於會員中選派會長副會長。奏明辦理。
第七條。會長有事故時。副會長代理職務。會長副會長共有事故時。學部於會員中指定一人。代理職務。
第八條。會員任期以三年爲滿。但於其職務上當爲會員者。不在此例。其因補闕而爲會員者。任期以接續前任所餘期間爲斷。

第九條。中央教育會規則由學部詳細訂定。一律遵守。

第十條。會長依會議規則整理議場秩序及報告議決事項於學部大臣。

第十一條。中央教育會議決事項由學部大臣酌核采擇分別施行。其有關於各行政衙門者。由學部咨商辦理。

第十二條。中央教育會每年於暑假日開會。其會期以三十日爲斷。

第十三條。中央教育辦事官及書記各員由學部酌派本部人員兼充。辦事官聽會長指揮。整理庶務。書記秉承辦事官。辦理一切事宜。

第十四條。此項章程。如有應行推廣增改之處。仍即隨時奏明辦理。

中央教育會開會期第一次。爲清宣統三年六月二十日。會員到會者共一百三十八人。推張謇爲會長。張元濟傅增湘爲副會長。於閏六月二十日閉會。共開會十八次。議決十二案。保留一案。蓋其時革命風潮醞釀已深。故全場所爭持者。爲軍國民教育案。又清代設立學部以來。沿科舉之餘習。意欲以獎勵覆試之權。操縱全國。故會員之提議者。注重停止實官獎勵及變通考試章程。此其經多番討論全場注重之案也。且其時會長張謇負全國之重望。儼然以民黨首領自居。讀其開會詞。已可見其抱負不凡矣。其開會詞云。自學部奏設七年於今。而有中央教育會之設。此誠主持學務之大臣念國勢之艱危。而益感於教育之亟。因辦事之經驗。而愈覺進步之難。欲薈萃全國教育家之智識。討論決議。藉以觀理論事實之通。定措正施正之準。吾國教育界前途之幸福。必自今始。謇不敏。謬承學務大臣之推薦。朝廷之委命。忝任會長。固辭不獲。然得與同會諸君相聚一堂。與聞討論。以謀教育前途之福。良用私幸。區區之見。亦有所陳述。以貢於諸君。今日我國處列强競爭之時代。無論何種政策。皆須有觀察世界之眼光。旗鼓相當之手段。然後得與於競爭之會。而教育尤爲各種政策之根本。故但有本國古代歷史之觀念者。不足以語今日之教育。以其不足以與於列强競爭之會。即不足以救我國時局之危。今日最亟之教育。即救亡圖强之教育也。然非有觀察世界之眼光。則救亡圖强之教育政策無自而出。救亡圖强之教育。就形勢一方面言之。全國教育大別爲普及教育。師範教育。實業教育。高等教育。武備教育。之數者中國自興辦教育以來。於此數者之教育。亦粗舉其條目矣。然就形勢言之。或舉末而尙遺其本。或舉偏而未得其全。此形勢之病。亦爲初次進化必經之階級。例之各國進化之歷史。與日本明治二十年前之教育。亦復如是。此由經濟之困難。人才之缺乏。智識經驗之未及。無足深怪。然亦非國家與吾人所可推諉。以爲自寬之事。教育費之必當竭力籌措。各種人才之必當亟亟養成。智識經驗之必當日異月新。爲積極之進步。以應國家社會之需求。而爲世界之比較。不當謂某校優於某校。而自以爲成績。某省優於某省。而自引爲美談也。此形式一方面當亟求完全之說。主持籌畫者。亟望於學部。輔翼而獻替者。亟望於全國之教育家也。

以今日各省現狀言之。亦有形式已告成立者。然實地觀察。殊乏健强之力。此如幼稚已成病夫。他日安期發達。此則教育精神上之病。爲吾國前途之大隱憂。凡我學部及全國之教育家。不可不深思熟慮。亟謀鍼砭補救之方者也。譬如千金之隄。潰於蟻穴。九層之台。下無堅礎。不謂之大隱憂不可也。精神上之病。大抵根於舊日之遺傳。或沿科舉之積習。或爲社會之頹風。或朕兆於家庭。或影響於政令。種種原因。不可殫述。今但就其病之所中。與其發見之證狀。扼要言之。其中於心理者。曰私心。而其中於生理者。曰惰力。二者之病不去。救亡圖强之教育。不可得而言也。教育之精神不可得而言也。

私心惰力二者之病。既爲教育精神上之大害。然則藥之有道乎。曰救私心當竭力提倡國家主義。救惰力當竭力提倡軍國民教育。提倡國家主義。即前此學部教育宗旨之所謂尚公。提倡軍國民教育。即學部教育宗旨所謂尚武。能實行尚公尚武二者。以救精神之病。則所謂尊君尊孔尚實三者。皆在躬行實踐。不言而喻之範圍中矣。但所謂提倡國家主義。提倡軍國民教育。非但空言宗旨而已。須謀種種提倡之方法。有宗旨而無方法。其弊不過無效。若方法與宗旨相反。則適爲救亡圖强之障礙。或因教育政策。反於時勢之需求。與反於國民之希望之故。激而生意外之變，此尤可爲隱憂者矣。竊以今日提倡國家主義。與軍國民教育。苟有救亡思想與教育智識。斷無反對者。若反對國家主義。則謂爲私心之反對可也。反對軍國民教育。則謂爲惰力之反對可也。贊成宗旨而反對方法者。則亦其私心惰力之所發見。皆非足以言今日救亡圖強之教育者也。今學部提倡於上。會員諸君輔助於下。審國勢之危。籌救亡之策。其必不爲一般無意識之人之反對論所游移。此則謇之所敢斷言者。至於提倡國家主義之方法。於倫理修身歷史國文教科之編輯。當極注意。提倡軍國民教育方法。則體操兵操拳法刀法鎗法及游泳競漕種種游戲之法。與夫旅行遠足之習勞居處服食之簡質。須極注意。此次或由學部交出議案。或由同會諸君提出議案。詳細討論。見之施行。庶幾精神上有一分之淬厲。事實上乃有一分之進行。此尤謇所禱祀以求。度亦學務大臣與同會諸君之同意也云云。

坿中央教育會第一屆開會議決案總目

軍國民教育條件唐會員文治提議提倡軍國民教育案，併入，

國庫補助推廣初等小學經費章程案。

義務教育章程案。

劃定地方教育經費案。

振興實業教育案（胡會員均等提議，振興實業教育案，王會員景禧等提議小學宜注重生計教育案併入，）

以上五案學務大臣交議。

停止實官獎勵案（王會員鴻文等提議停止畢業學生實官獎勵案併議，）

變通考試章程案（王會員劭廉等提議停止學生覆試案併議，）

初級完全師範學堂改由省轄案。

全省學務討論會辦法大綱案。

統一國語辦法案。

國庫補助養成小學教員經費案。

變更初等教育方法案。

以上七案併議二案會員提議。

任免小學教員辦法案。（此案再讀時，經衆議決暫緩施行，）

以上一案學務大臣交議。

第四期　民國新學制頒布時期

一　概說

中華民國成立於元年四月設置教育部。教育部之官制依據南京參議院之議決。第一任教育總長爲蔡元培。次長爲范源廉。蔡先生在教育總長任內關於民國教育。有兩種重要事業。一則提出新教育意見。一則召集臨時教育會議。後者依據其議決案及提議案。成立民國新學制之種種規程。前者則爲民國教育之理想也。蔡先生在職數月。雖得試行其意見之一二。而其大部分。則至今尙未能解決也。惟其新教育意見確於民國教育有研究之價値。茲附錄之如左。

附蔡元培先生新教育意見

教育有二大別曰隸屬於政治者。曰超軼乎政治者。專制時代。(兼立憲而含專制性質者言之)教育家循政府之方針以定標準。教育常爲純粹之隸屬政治者。共和時代。教育家得立於人民之地位以定標準。乃得有超軼政治之教育。清之季世。隸屬政治之教育。騰於教育家之口者。曰軍國民教育。夫軍國民教育者。

與社會主義僢馳。在他國已有道消之兆。在我國則强鄰逼處。亟圖自衛。而歷年失喪之國權。非憑藉武力勢難恢復。且軍人革命以後。不保無軍人執政之一時期。非行舉國皆兵之制。將使軍人社會。永爲全國中特別之階級。而無以平均其勢力。則如所謂軍國民教育者。誠今日所不能不採者也。雖然今之世界。所恃以競爭者。不僅在武力。而尤在財力。且武力之半。亦由財力而孳乳。於是有第二之隸屬政治者。曰實利主義之教育。以人民生計爲普通教育之中堅。其主張最力者。至以普通學術。悉寓於樹藝烹飪裁縫及金木土工之中。以其說創於美洲。而近亦盛行於歐陸。我國地寶不發。實業界之組織尚幼稚。人民失業者至多。而國甚貧。實利主義之教育。固亦當務爲急者也。是二者所謂彊兵富國之義也。顧兵可彊也。然或溢而爲私鬥。爲侵略。則奈何。國可富也。然或不免知欺愚。强刼弱。演出貧富懸絕。資本家與勞働家血戰之慘劇。則奈何。曰教之以公民道德。何爲公民道德。曰法蘭西之革命也。所標揭者。曰自由平等親愛。道德之要旨。盡於是矣。孔子曰。匹夫不可奪志。孟子曰。大丈夫者。富貴不能淫。貧賤不能移。威武不能屈。自由之謂也。古者蓋謂之義。孔子曰。己所不欲。勿施於人。子貢曰。我不欲人之加諸我。吾亦欲勿加諸人。禮大學記曰。所惡於前。毋以先後。所惡於後。毋以從前。所惡於右。毋以交於左。所惡於左。毋以交於右。平等之謂也。古者蓋謂之恕。自由者就主觀而言之也。然我欲自由。則亦當尊人之自由。故通於客觀。平等者就客觀而言之也。然我不以不平等遇人。則亦不容人之以不平等遇我。故通於主觀。二者相對而實相成。要皆由消極一方面言之。苟不進之以積極之道德。則夫吾同胞中固有因生禀之不齊。境遇之所迫。企自由而不遂。求與人平等而不能者。將一切恝置之。而所謂自由平等之量。仍不能無缺陷。孟子曰。鰥寡孤獨。天下之窮民而無告者也。張子曰。凡天下疲癃殘疾惸獨鰥寡。皆吾兄弟之顚連而無告者也。禹思天下有溺者。由己溺之。稷思天下有飢者。由己飢之。伊尹思天下之人。匹夫匹婦有不與被堯舜之澤者。若己推而納之溝中。孔子曰。己欲立而立人。己欲達而達人。親愛之謂也。古者蓋謂之仁。三者誠一切道德之根原。而公民道德教育之所有事者也。教育而至於公民道德。宜若可爲最中之鵠的矣。曰未也。公民道德之教育。猶未能超軼乎政治者也。世所謂最良政治者。不外乎以最大多數之最大幸福爲鵠的。最大多數者。積最少數之一人而成者。一人之幸福。豐衣足食。無菑無害也。不外乎現世之幸福。積一人幸福而爲最大多數。其鵠的猶是立法部之所評議。行政部之所執行。司法部之所保護。如是而已矣。卽進而達禮運之所謂大道爲公。社會主義家所謂未來之黃金時代。卽各盡其所能。而各得其所需要。亦不外乎現世之幸福。蓋政治之鵠的如是而已矣。一切隸屬政治之教育。充其量亦如是而已矣。雖然。人不能有生而無死。現世之幸福。臨死而消滅。人而僅僅以臨死消滅之幸福爲鵠的。則所謂人生者。有何等價値乎。國不能有存而無亡。世界不成有成而無毀。全國之民。全世界之人類。世世相傳。以此不能不消滅之幸福爲鵠的。則所謂國民若人類者。有何等價値乎。且如是則就一人而言之。殺身成仁也。舍生取義也。舍己而爲羣也。有何等意義乎。就一社會而言之。與我自由乎。否則與我以死。爭一民族之自由。不至瀝全民族最後之一滴血不已。不合全國爲一大家不已。有何等意義乎。且人既無一死生破利害之觀念。則必無冒險之精神。與遠大之計畫。見小利。急近功。則又能保其不爲失節墮行身敗名裂之人乎。諺曰當局者迷旁觀者清非有出世間之思想者不能善處世間事吾人即僅僅以現世之幸福爲鵠的猶不可無超軼現世之觀念況鵠的不止於此者乎以現世幸福爲鵠的者政治家也教育家則否蓋世界有二方面如一紙之有表裏一爲現象一爲實體現象世界之事爲政治故以造成現世幸福爲鵠的實體世界之事爲宗教故以擺脫現世幸福爲作用而教育者則立於現象世界而有於實體世界者也故以實體世界之觀念爲其究竟之大目的而以現象世界之幸福爲其達到於實體觀念之作用然則現象世界與實體世界之區別何在耶曰前者相對而後者絕對前者範圍於因果律而後者超軼乎因果律前者與空間時間有不可離之關係而後者無空間時間之可言前者可以經驗而後者全恃直觀故實體世界者不可名言者也然而既以是爲觀念之一種矣則不得不強爲之名是以或謂之道或謂之太極或謂之神或謂之黑暗之意識或謂之無識之意志其名可以萬殊而觀念則一雖哲學之流派不同宗教家之儀式不同而其所到達之最高觀念皆如是（最淺薄之唯物哲學及最幼稚之宗教祈長生求福利者不在此例）

然則教育家何以不結合於宗教。而必以現象世界之幸福爲作用。曰世固有厭世派之宗教若哲學。以提撕實體世界觀念之故。而排斥現象世界。因以現象世界之文明。爲罪惡之原。而一切排斥之者。吾以爲不然。現象實體。僅一世界之兩方面。非截然爲互相衝突之兩世界。吾人之感覺。既託於現象世界。則所謂實體者。即在現象之中。而非必滅乙而後生甲。在現象世界間。所以爲實體世界之障礙者。不外二種意識。一人我之差別。二幸福之營求是也。人以自衞力不平等而生强弱。人以自存力不平等而生貧富。有强弱貧富。而彼我差別之意識起。弱者貧者。苦於幸福之不足。而營求之意識起。有人我。則於現象中爲種種之界畫。而與實體違。有營求。則當其未遂。爲無已之苦痛。及其既遂。爲過量之要索。循環於現象之中。而實體隔。能劑其平。則肉體之享受。純任自然。而意識界之營求泯。人我之見。亦化合現象世界各別之意識。爲渾同。而得與實體脗合焉。故現世界幸福。爲不幸福之人類。到達於實體世界之一種作用。蓋無可疑者。軍國民實利兩主義。所以補自衞自存之力之不足。道德教育。則所以使之互相衞互相存。皆所以泯營求而忘人我者也。由是而進以提撕實體觀念之教育。提撕實體觀念之方法如何。曰消極方面。使對於現象世界。無厭棄而亦無執著。積極方面。使對於實體世界。非常渴慕而漸進於領悟。循思想自由言論自由之公例。不以一流派之哲學。一宗門之教義。梏其心。而惟懸一無方體無終始之世界觀。以爲鵠。如是之教育。吾論以名之。名之曰世界觀教育。雖然世界觀教育。非可以旦旦而聒之也。且其與現象世界之關係。又非可以枯槁單簡之言語。襲而取之也。然則何道之由。曰由美感之教育。美感者。合美麗與尊嚴而言之。介乎現象世界與實體世界之間。而爲之津梁。此爲康德所創通。而嗣後哲學未有反對之者也。在現象世界。凡人皆有愛惡驚懼喜怒悲樂之情。隨離合生死禍福利害之現象而流轉。至美術則即以此等現象爲資料。而能使對之者。自美感以外。一無雜念。例如採蓮煑豆。飲食之事也。而一入詩歌。則成興趣。火山赤舌。大風破舟。可駭可怖之景也。而一入圖畫。則轉堪展玩。是則對於現象世界。無壓棄而亦無執著也。人既脫離一切現象世界相對之感情。而爲渾然之美感。則即所謂與造物爲友。而已接觸於實體世界之觀念矣。故教育家欲由現象世界而引以到達於實體世界之觀念。不可不用美感之教育。五者皆今日之教育所不可偏廢者也。軍國民主義。實利主義。德育主義。三者。爲隸屬於政治之教育。（吾國古代之道德教育。則間有兼涉世界觀者。當分別觀之）世界觀。美育主義。二者。爲超軼政治之教育。以中國古代之教育證之。虞之時。夔典樂而教胄子以九德。德育與美育之教育也。周官以鄉三物教萬民。六德六行。德育也。六藝之射御。軍國民主義也。書數。實利主義也。禮。爲德育。而樂。爲美育。以西洋之教育證之。希臘人之教育。爲體操與美術。即軍國民主義與美育也。歐洲近世教育家。如海爾巴脫氏。純持美育主義。今日美洲之德弗伊派。則純持實利主義者也。以心理學各方面衡之。軍國民主義。毗於意志。實利主義。毗於知識。德育兼意志情感二方面。美育毗於情感。而世界觀則純三者而一之。以教育界之分言三育者衡之。軍國民主義爲體育。實利主義爲智育。公民道德及美育皆毗於德育。而世界觀則統三者而一之。

以教育家之方法衡之。軍國民主義世界觀美育皆爲形式主義。實力主義爲實質主義。德育則二者兼之。譬之人身。軍國民主義者筋骨也。用以自衛。實利主義者胃腸也。用以營養。公民道德者。呼吸機循環機也。周貫全體。美育者神經系也。所以傳導世界觀者。心理作用也。附麗於神經系而無迹象之可求。此即五者不可偏廢之理也。本此五義而分配於各教科。則視各教科性質之不同。而各主義所占之分數。亦隨之以異。國語國文之屬於形式。其依準文法者。屬於實利。而依準美詞學者。屬於美感。其內容則軍國民主義。當占百分之十。實利主義。當占其四十。德育當占其二十。美育當占其二十五。而世界觀則占其五。修身德育也。而以美育及世界觀參之。歷史地理實利主義也。其所敍述得並存各主義。歷史之英雄地理之險要及戰蹟。爲軍國民。因歷史之有時期。而推之於無終始。因地理之有涯涘。而推之於無方體。及夫烈士哲人宗教家之故事及遺蹟。皆可以爲世界觀之導線也。算學實利主義也。而數爲純然抽象者。希臘哲人畢達哥拉士以數爲萬物之原。是亦世界觀之一方面。而幾何學各種線體。可以資美育。物理化學實利主義也。原子電子。小莫能破。愛耐而幾範圍萬有。而莫知其所由來。莫窮其所究竟。皆世界觀之導綫也。視官聽官之所觸。可以資美感者尤多。博物學在應用一方面爲實利主義。而在觀感一方面。多爲美感。研究進化之階級。可以養道德。體驗造物之萬能。可以導世界觀。圖畫。美育也。而其內容。得包含各種主義。如實物畫之於實利主義。歷史畫之於德育是也。其至美麗至尊嚴之對象。則可以得世界觀。唱歌、美育也。而其內容亦可以包含種種主義。手工、實利主義也。亦可以興美感。遊戲、美育也。兵式體操、軍國民主義也。普通體操。則兼美育與軍國民主義二者。右之所著。僅具辜較。神而明之。在心知其意者。滿清時代。有所謂欽定敎育宗旨者。曰忠君。曰尊孔。曰尚公。曰尚武。曰尚實。忠君與共和政體不合。尊孔與信敎自由相違。（孔子之學術。與後世所謂儒敎孔敎。當分別觀之。嗣後敎育界何以處孔子。及何以處孔敎。當特別討論之。茲不贅。）可以不論。尚武即軍國民主義也。尚實。即實利主義也。尚公。與吾所謂公民道德。其範圍或不免廣狹之異。而要爲同意。惟世界觀及美育。則爲彼所不道。而鄙人尤所注意。故特疏通而證明之。以質於當代敎育家。幸敎育家平心而討論焉。

敎育部本此意見。在臨時敎育會提出敎育宗旨。通過其頒布之條文如下。注重道德敎育。以實利敎育軍國民敎育輔之。更以美敎育完成其道德。

二臨時教育會議之經過

臨時教育會議。爲民國元年教育部所召集。其議員除直轄學校校長外。總長延聘三十八人。每省推選二人。以七月十日開始會議。彌月而閉幕。凡開議十九次。得議決案十七。否決案五。經審查報告未開二讀會案十。茲臚舉議決案之目於左。

一敎育宗旨案。

二學校系統表案。

三各學校學年學期及休業日期之規定案。

四畫分學校管轄案。

五學校制服案。

六儀式規則案。

七小學敎育令案。

八中學校令案。

九師範敎育令案。

十實業教育令案。
十一專門教育令案。
十二大學校令案。
十三中央教育會議章程案。
十四教育會組織綱要案。
十五小學教育體育規程案。
十六採用切音字母案。
十七分設大學案。
三民國新學制之頒布
臨時教育會既將議決各案上呈於教育部。教育部即採用以頒布大中小學校各項教令規程。其施行細則則由教育部自行擬定。陸續頒布。其條文散見於教育法規彙編。不具列。茲列學校統系表於後。以見此期教育之概略云。

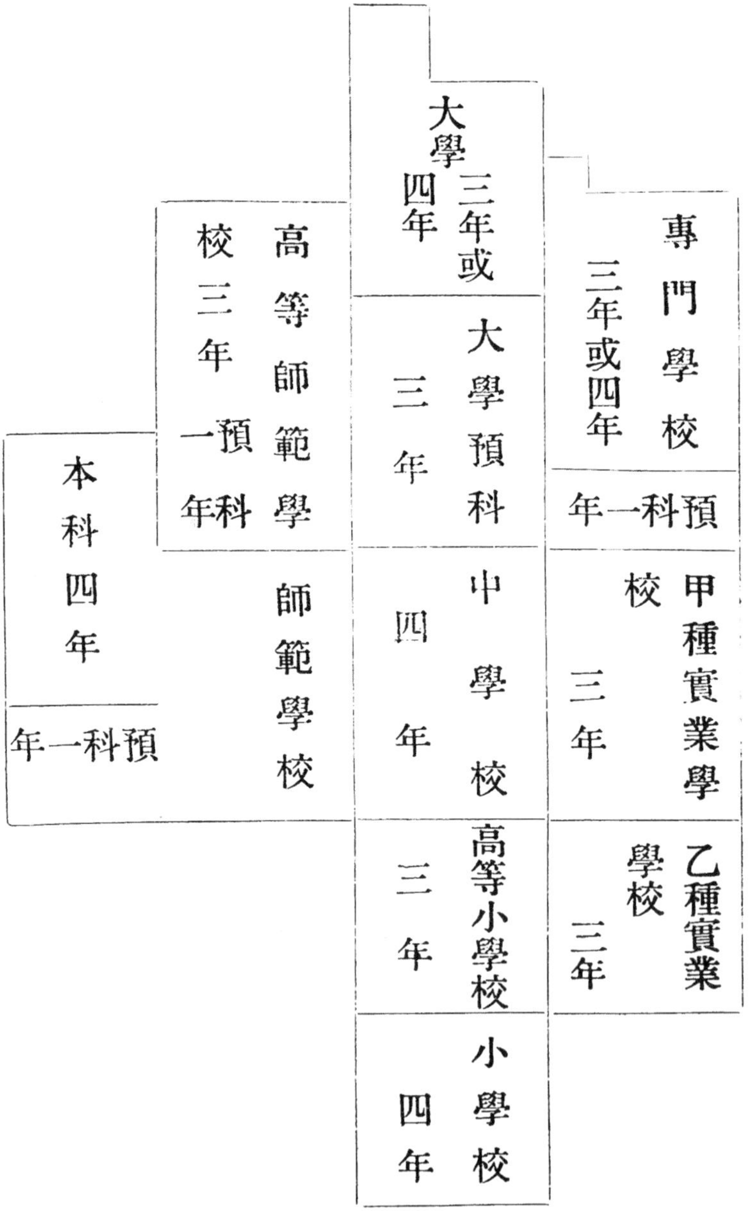

此次學校系統之就學年限。較之奏定學堂減少三年。其所以能減少者。則

刪去讀經講經鐘點之故。

小學校四年畢業爲義務教育。畢業後得入高等小學。或乙種實業學校。

高等小學三年畢業。畢業後得入中學校。或師範學校。或實業學校。

小學校及高等小學校設補習科。爲畢業生欲升他校者補修學科。兼爲職業上之預備。均二年畢業。

中學校四年畢業。畢業後得入大學或專門學校。或高等師範學校。

大學本科三年畢業。或四年畢業。預科三年。

師範學校本科四年畢業。預科一年。高等師範學校本科三年畢業。預科一年。

實業學校分甲乙二種。各三年畢業。

專門學校本科三年或四年畢業。預科一年。

四教育部之官制

國體更新。學部舊官制當然不能適用。元年四月教育部成立。初依南京參議院議決官制。嗣後屢經變更。茲依據民國三年七月教令所頒布之教育部官制。開列如左。

教育部官制

一教育部直隸於大總統。管理教育學藝及歷象事務。

二教育部設總務廳分文書統計會計庶務四科。及左列各司。

普通教育司。

專門教育司。

社會教育司。

三總務廳所掌事務如左。

一直轄學校及公立學校職員事項。

二學校衛生事項。

三學校圖書館博物館等修建事項。

四教育會議及教育博覽會事項。

五本部經費並各項收入之預算決算事項。

六稽核學校經費及直轄各官署之會計事項。
七管理本部所管之官產官物。
八撰輯保存收發文件。
九編製統計及報告。
十記錄職員之進退。
十一典守印信。
十二管理本部庶務及其他不屬於各司之事。
四普通教育司所掌事務如左
一關於師範學校事項。
二關於中學校事項。
三關於小學校及蒙養園事項。
四關於盲啞學校及其他殘廢等特種學校事項。
五關於與第一款至第四款各學校相等之各種學校事項。

六關於學齡兒童就學事項。
七關於檢定教員事項。
八關於整理私塾事項。
九關於小學校基本金事項。
十關於地方學務機關設立變更事項。
五專門教育司所掌事務如左。
一關於大學校事項。
二關於高等專門學校事項。
三關於與第一欵第二欵各學校相等之各種學校事項。
四關於實業教育事項。
五關於外國留學生事項。
六關於曆象事項。
七關於博士會事項。

八關於國語統一事項。

九關於醫士藥劑士考試委員會事項。

十關於各種學術會事項。

十一關於授與學位事項。

六社會教育司掌事務如左

一關於通俗教育及講演會事項。

二關於感化事項。

三關於通俗禮儀事項。

四關於文藝音樂演劇事項。

五關於美術館及美術展覽會事項。

六關於動植物園等學術事項。

七關於博物館圖書館事項。

八關於通俗各種博物館通俗圖書館事項。

九關於公衆體育及游戲事項。

七教育部置總長一人。承大總統之命。管理本部事務。監督所屬職員。並所轄各官署。

八教育總長對於各省區行政長之執行本部主管事務。有監察指示之責。

九教育部置次長一人。輔助總長整理部務。

十教育部置參事三人。(後增爲四人)承長官之命。掌擬定關於本部主管之法律命令案事務。

十一教育部置司長三人。承長官之命。分掌各司事務。

十二教育部置秘書四人。承長官之命。掌管機要事務。

十三教育部置視學十六人。承長官之命。掌學務之視察。

十四教育部置僉事二十四人。承長官之命。分掌總務廳及各司事務。

十五教育部置主事四十二人。承長官之命。助理總務廳及各司事務。

十六教育部置技正一人。技士二人。承長官之命。掌技術事務。

十七教育部因繕寫文件及其他特別事務。得酌用雇員。

此外尙有觀象臺官制。及京師學務局組織。俱詳見教育法規彙編。

五各省區教育官制

民國元年。各省設教育司。略仿前清提學司組織。未幾廢教育司。將省教育行政事宜歸巡按使署之教育科主持。逮民國六年。部議重設各省教育行政專官。乃頒布教育廳暫行條例。其條文如左。

一各省教育廳直隸於教育部。設廳長一人。由大總統簡任。秉承省長執行全省教育行政事務。監督所屬職員。暨辦理地方教育之各縣知事。

二教育廳分設各科處理各項事務。其分科之多寡。視事務之繁簡定之。但至多不得逾三科。

三各科置科長一人。由廳長委任。承廳長之命。掌理本科事務。

四各科置科員。每科不得逾三員。由廳長委任。掌管觀察全省教育事宜。

五教育廳設省視學四人至八人。由廳長委任。掌管視察全省教育事宜。

六教育廳委任科長科員及省視學均須呈報教育總長並省長查核備案。
七教育廳爲繕寫文件得用雇員。
八教育廳處務細則暨各科員額分配俸給數目由各該教育廳長按照本省情形詳細擬定呈請省長咨由教育總長核定。

六縣以下教育組織。

前清舊有勸學所逮清末實行地方自治地方教育多併入自治機關另設學務委員逮民國三年袁政府取消地方自治而地方勸學所漸覺有存立之必要故各省區多倡議設勸學所茲將民國四年頒行之勸學所規程略舉如左。
一各縣設勸學所輔佐縣知事辦理縣教育行政事宜並綜核自治區教育事務。
二勸學所設所長一人由縣知事遴選詳請上級官委任查核。
三勸學所設勸學員二人至四人由縣知事委任並呈報上級官廳。
四具左列資格之一者得充勸學所長。
(1)曾任地方教育事務五年以上者。

(2)曾任高等小學校長三年以上者。

(3)曾在師範學校畢業任教育職務一年以上者。

五勸學員資格。比所長略低。詳見教育法規不具舉。

六勸學所所長。受知事之指揮。監督分掌所內事務。

七勸學所職員薪俸。由縣知事詳請長官定之。

八勸學所經費。就地方公欵籌支。詳報長官備案。

九自治區未成立地方。由勸學所依照地方學事通則。處理其教育事務。

七民國四年以後教育之變更及進行

自民初元各種教育規程頒布後。至民國三年以後。教育普及之呼聲漸高。於是改小學爲國民學校。並頒行地方學事通則。又四年一月。政府頒布辦理義務教育之命令。四月教育部頒定義務教育施行程序。此期湯化龍任教育總長。蓋其教育主義之所在也。茲分述之于後。

甲國民學校

國民學校。係由初等小學校所改稱。其教令頒行於民國四年七月。其教科編製與初等小學校無甚出入。所異者爲劃清地方權限及經費負擔之事。如設置經費及管理監督三章所規定者。即可見精神之所在也。其設置條文云。(一)自治區設立國民學校。其校數以足充本區學齡兒童爲準。(二)自治區設立國民學校時。得於本區內畫分學區。(三)區立國民學校之校數位置。經自治會議及學務委員之協議。由區董陳請縣知事定之。(四)自治區之一學區內。如有不能於通學適宜之地域成立一國民學校者。區董得令鄰近學校區處理其一部就學兒童之教育事務。(五)地方自治試行例第二條第六項緩設自治地方。其就學兒童之教育事務。由縣知事處理之。(六)自治區因特別情事。於應設國民學校之校數一時未能全設者。縣知事得令該區暫以私立國民學校代用之。但須經該管長官之認可。其經費條文云。(一)區立國民學校之經費。由自治區負擔之。其概目如下。(1)設備費及維持費。(2)職員薪俸及其他給與諸費。(3)校內雜費。關於學校聯合及委託兒童教育事務之經費。適用前項之規定。(二)縣知事認爲自治區財力於擔任前條所列之經費有未足時。應由縣予以補助。(三)緩設自治區地方。其就學兒童敎育之費。有未足或不能擔負時。應由縣予以補助或以縣經費支之。(四)地方最高行政長官。認爲縣之財力不能擔任第四十二條四十三條之經費時。應由省或特別區域予以補助。(五)區立國民學校不徵收學費。但視地方情形。經縣知事之認可。得徵收之。(六)區立國民學校之學費。作爲自治之收入。其管理及監督條文云。(一)區董承縣知事之指揮。管理本區之敎育事務。(二)學務委員輔佐區董管理本學區之敎育事務。(三)區立國民學校校長敎員所執行之敎育事務。由縣知事監督之。(四)私立國民學校由縣知事監督之。自國民學校令頒布其學校之管理權限經費負擔。始有明白之規定。而分區辦法及學務委員之組織。實根據於地方學事通則。茲錄其條文於左。

乙地方學事通則

一自治區按照地方自治試行條例。及關於敎令之法令規則。辦理地方敎育事務。

二自治區爲辦理敎育事務。得就各該區畫分學區。

三自治區爲辦理教育事務。得就各該區組織學務委員會。
四自治區依地方情形。得聯合二區以上。設立學校及辦理其他教育事務。
五自治區依國民學校令第七條第二項之規定。應受鄰近自治區之委託。處理教育事務時。因償付經費及其他必要事項而生紛議者。由縣知事決定之。
六自治區內原有學欵及從前關於教育之公欵公產。應一律定爲該區教育基金。
七自治區內教育經費因追加或不足時。依照地方自治試行條例第二項之規定。得增收公益捐。
八自治區爲辦理教育事務。得置基本財產及積存欵項。
九學校及關於教育設施所收之學費。使用費。或補助捐助費。均得作爲基本財產或積存欵項。

附則

本通則所規定之各事項。在自治區未成立地方。由縣知事督率勸學所處理之。
京師地方及未設縣治之行政區域。關於地方教育事務之處理。適用國民學校令第五十三五十四條之規定。由京師學務局或地方長官代辦。

丙分期籌辦義務教育。

教育部改定小學校爲國民學校及頒布地方學事通則。本爲推行義務教育而設。故其時大總統特頒布籌辦義務教育之命令。教育部復頒定義務教育施行程序。其程序分二期。第一期擬辦事項。爲頒布各項規程暨調查各地教育現狀。第二期擬辦事項。約分地方及中央兩部。關於地方者爲師資之培養。經費之籌集。學校之推廣。關於中央者爲核定各地陳報之辦法。並通籌全國義務教育進行之程限。中國對於義務教育有系統的計劃。自此始。逮民國八年教育部復規定分期籌辦義務教育年限其期限如左。

民國十年省城及通商口岸辦理完竣。

民國十一年縣城及繁鎮辦理完竣。

民國十二年五百戶以上之鄉鎮辦理完竣。

民國十三年三百戶以上之市鄉辦理完竣。

民國十四五年二百戶以上之市鄉辦理完竣。

民國十六年一百戶以上之村莊辦理完竣。

民國十七年不及百戶之村莊辦理完竣。

敎育部規定旣如此。然各省情形不同。加以近年以來。天災人禍荐至。故各省對於以上辦法。或無力籌辦。或聲請展緩。惟各省多數依據敎育部之計畫。訂有施行義務敎育章程。（見拙著我國義務敎育之經過及進行）。其確能實行者。應首推山西一省焉。

附錄鄙著我國義務敎育之經過及進行

宋程子謂古者八歲入小學。十五歲入大學。朱子則謂人生八歲自王公下至庶人之子弟。皆入小學。而敎以灑掃應對進退之節。禮樂射御書數之文。我國三古之世。（二千五百年以前）。已具義務敎育之精神。逮戰國秦漢以來。其制漸廢。雖如漢武之興學。光武之重儒。唐開元之設州縣鄉學。宋慶歷之詔州縣立學。大抵重於造儒士。而忽於敎國民。故考義務敎育之萌芽。不得不謂自清末興學始。

清末學校有系統之計畫。斷推奏定學堂章程。光緒二十九年奏准。前此雖有欽定學堂章程。然不久即廢。且系統亦未完備。其初等小學堂章程。內有計年就學章。摘錄外國義務教育規則。其第三節並云。東西各國兒童有不就學者。即罰其父母或任保護之親族人。此時初辦。固遽難一概執法以繩。而地方官紳及各鄉村紳耆。要當認定此旨。是爲教育法規籌及義務教育之始。

民國以來。初級小學堂改稱初等小學校。四年畢業。(原五年)意在以此四年作爲義務教育。而義務教育施行之程序。尚未明確規定。逮民國四年一月。大總統頒籌辦義務教育之命令。四月教育部頒定義務教育施行程序。其程序分二期。第一期擬辦事項。爲頒布各項規程。暨調查各地教育現狀。第二期擬辦事項。約分地方及中央爲兩部。關於地方者。爲師資之培養。經費之籌集。學校之推廣。關於中央者。爲核定各地陳報之辦法。並通籌全國義務教育進行之程限。對於義務教育有系統的計畫自此始。

先是宣統三年。江蘇南通州規定義務教育計畫。無錫縣亦有義務教育之提倡。

民國元年。直隸定縣翟城村。亦規定普及教育進行方法。（均見教育部各地方實施義務教育彙刊）然均取試辦制。限於一縣一村。若各省之規定義務教育計畫。均在民國四年以後。民國七年山西首規定施行義務教育規程。逮民國八年。教育部復規定分期籌辦義務教育年限。其期限如左。

民國十年。省城及通商口岸辦理完竣。

民國十一年。縣城及繁鎮辦理完竣。

民國十二年。五百戶以上之鄉鎮辦理完竣。

民國十三年。三百戶以上之市鄉辦理完竣。

民國十四五年。二百戶以上之市鄉辦理完竣。

民國十六年。一百戶以上之村莊辦理完竣。

民國十七年。不及百戶之村莊辦理完竣。

以上為教育部所訂定。然各省情形既不盡同。而近年以來。天災人禍洊至。民生彫弊。教育難言。故各省對於以上辦法。或無力籌畫。或聲請展緩。所可注意者。自有此規定後。各省之訂有施行義務教育章程者。實居多數而已。茲分舉於後。

京師　城郊男女學齡兒童總數。共十萬零六千一百零八人。就學者三萬二千七百九十九人。現計畫推廣小學六十六處。約可增收學生二萬人。就學兒童。比之學齡兒童。可達五成以上。

京兆　民國七年。訂有分期籌辦强迫教育大綱。分預備時期。自八年二月至七月底。進行時期。自八年八月起。分爲四期。每期一年。各定進行程限。實行强迫時期。預定自十二年八月起。

直隸　所擬施行程序。分爲（甲）預備事項。（如調查學齡兒童。規畫分區設學。籌備校址。預儲師資等。）（乙）進行事項。（如勸導入學。及分別强迫等。）（丙）輔助事項。（如取締私塾。添設平民補習學校等。）全省以旱災兵災之故。施行期限少緩。其籌備事項。限于十二年十二月以前辦理完竣。勸導及强迫入學。自十三年一月起。按照城鎭鄉。次第實行。至强迫罰金標準。經部議後。必須籌備事項確有把握。方准試行。且規定以銀元五角爲限云。

山西　民國七年。頒行全省施行義務教育規程進行程序。分期籌進。首曰省垣創辦。以次遞及各縣鄉鎮。自民國七年二月爲籌辦始期。截至八年底。第一（省城）第二（各縣城）第三（各縣鄉鎮及三百家以上之村莊）三期義務教育。均經辦竣。統計各城鄉鎮及三百戶以上之村莊兒童已就學者均得十分之九以上。其三百戶以下各村莊。提前趕辦。均於九年一律辦齊。至籌辦女子義務教育施行程序。遲兩期辦理。其同時著手辦理者。一爲造就師資。一爲强迫就學。

吉林　民國五年。在省城創辦義務教育模範區。八年推行於長春城區。繼推及於濱江埠。此外依蘭延吉等埠。及其他縣城。因受其他影響。期限應略展緩。而百戶以上之鎮鄉。照原定年限。尚可提前一年辦竣。

江蘇　民國八年。頒定義務教育施行程序。擬於民國十一年試行强迫教育。並擬仿歐美先例。徵收教育特捐。其計畫係各縣同時舉辦。以兒童數之增加。爲期限數之正比。與部定之程序。略有出入。而呈效略同。

浙江　省教育廳於民國九年呈稱。關於義務教育事項。民國四年。已飭各縣分年增設國民學校。限自民國五年七月起。至十五年七月止。十年內。應將國民學校設齊。

山東　民國九年。訂有義務教育暫行條例。其進行程序。將每縣分爲若干學區。每區更分一年爲三期。計日程功。藉便督促。

察哈爾　民國九年七月。察哈爾都統咨云。已令興和道尹教育事務所長籌辦。並將施行義務教育完全計畫擬定。第一期設施事項。先令各縣局組織學務委員會。各旗創設勸學所。並令分別預籌學欵。造就師資。

河南　民國九年。訂有施行義務教育規程及籌備程序。其程序與教育部所訂略同。並分籌造就師資。劃定學區。調查學齡兒童。及勸導强迫等事。

福建　第一期實施事項。就福州及厦門著手籌辦。以後逐漸推行。

安徽　其計畫先儲備師資。民國九年規定於安慶蕪湖淮泗三道內。各設國民師範學一所。每校每年約得畢業生四百人。三道合計爲千二百人。至民國十一年終。先後畢業二次。應得合格教員二千四百人。合之完全師範畢業生。可勉敷是期實施義務教育之用。

江西　其關於第一期設施區域。仿照山西吉林模範區先例。由教育廳直接籌辦。又以先期籌備必須另設機關。並於省會設籌辦義務教育事務所。以資督促進行。

黑龍江於民國九年。報部所訂施行義務教育程序。與部頒程序相同。並訂有義務教育施行章程。

四川　訂有實施義務教育大綱。其實施期限。自民國十四年春季起。以八年爲極限。其籌備各事。分爲八項。(1)整理現有小學及私塾。(2)宣傳實施義務教育要義。(3)設置教育委員。(4)調查學齡兒童並劃分學區。(5)籌集固定經費並趕造師資。(6)限期設立學校。(7)勸導入學。(8)强迫入學。自第一年起至第二年七月。上列之(1)至(5)均於此期辦理。在都會區及大城市區以六月爲限。城市區及小城市區以一年爲限。餘類推。自第二年八月至第六年底。凡籌備期中應繼續辦理事項。及(6)至(8)各款。均於此期辦理。自此至八年爲完竣期。都會區限於第五年底辦理完竣。大都市區限於六年六月辦理完竣。餘類推。其有意外災變時。並得量爲延展。預計入兒童第二年爲百分之二十四。第七年爲百分之九十六云。

以上只據公牘可稽者。略舉梗概。其已見袁觀瀾先生民國十年之義務教育演者。玆不贅述。此外如西南各省。無公牘可稽者。姑從闕如。又如一城一縣。教育施。漸近普及者。（如天津市入學兒童已近十分之五。勸學所並擬有籌款推廣學校之計畫）以非全省計畫。亦不詳列。大抵我義務教育。尚在萌芽。爲試行模範區時代。且政治不寧。人多怠忽。惟江蘇一省。設義務教育期成會。頗有力圖進步之象。又民國十二年請願國會將義務教育列憲法者。已有兩次。若將來成爲事實。或易促義務教育之實現。以上第舉各地方行義務教育之計畫。玆再將我國人口與學齡兒童及兒童入學數。略爲比例。列一表。以考驗義務教育施行之實際。雖報告疏漏。難言精確。其梗概亦大略可考

中國各省區	人口	學齡兒童數（1—10）	入學兒童數	百分比
京兆及直隸	二〇·九三〇·〇〇〇	二·〇九三·〇〇〇	四八九·三九六	二三·三八
山東	三八·二四七·九〇〇	三·八二四·七九〇	四七六·一八二	一三·四五

山西	一三•二〇〇•〇〇〇	一•三二〇•〇〇〇	六九九•九一三	五七•三七
河南	二五•三一七•〇〇〇	二•五三一•七〇〇	二三三•三八三	八•八二
陝西	八•四〇〇•〇〇〇	八四〇•〇〇〇	一三六•七五六	一六•二八
甘肅	一〇•三八六•〇〇〇	一•〇三八•六〇〇	六〇•五〇三	五•二五
四川	六八•七〇〇•〇〇〇	六•八七〇•〇〇〇	四七〇•二一三	六•八四
湖北	三五•二八〇•〇〇〇	三•五二八•〇〇〇	二〇八•三五八	五•九
湖南	三 一六九•〇〇〇	三•二一六•九〇〇	二〇四•三四九	九•二三
江西	二六•五三一•〇〇〇	二•六五三•一〇〇	一一三•八一九	四•二五
安徽	二三•六七〇•〇〇〇	二•三六七•〇〇〇	五三•六七二	二•二七
江蘇	二三•九八〇•〇〇〇	二•三九八•〇〇〇	三二〇•四三六	一三•三六

浙江	二一·五八〇·〇〇〇	一·一五八·〇〇〇	二八二·五一〇	二四·三九
福建	三三·八七〇·〇〇〇	二·二八七·〇〇〇	八七·一六九	三·八九
廣東	三一·八六五·〇〇〇	三·一八六·五〇〇	一六七·九五〇	五·二
廣西	五·一四〇·〇〇〇	五一四·〇〇〇	一四四·三五七	二八·〇九
雲南	一二·七二〇·〇〇〇	一·二七二·〇〇〇	一六六·九六一	一三·一三
貴州	七·六五〇·〇〇〇	七六五·〇〇〇	五〇·一二九	六·五五
東三省	一五·〇〇〇·〇〇〇	一·五〇〇·〇〇〇	三三五·八三五	三·七二
新疆	一·二〇〇·〇〇〇	一二〇·〇〇〇	二〇·九八八	二·四九

（注）人口數據中華大地誌。約爲民國五年之調查。入學兒童數據民國八年教育部統計。惟山西省用本省之九年統計。

八　國語統一之進行

國語統一之進行。始於民國二年。其時教育部召集全國二十二省。蒙古西藏華僑各代表。並聘請音韻學專家。合共會員七十九人。在北京開讀音統一會。定爲三十九個音素。名爲注音字母。（民國九年增加字母一）逮民國七年。以正式公文公布注音字母。令全國人民傳習推行。八年教育部頒布國音字典。又改小學校國文科爲國語科。至今部中尙設有國語統一籌備會。以時謀國語之推行焉。

九教育綱要之頒布

前舉義務之進行。其動因由於民國四年一月政府有一提倡普及教育之命令。當時教育部及總統府秘書會合擬教育綱要若干條。頒行全國。此綱要中雖含有復古的意味。然確爲當時之一種計畫。其影響於其時之教育良不少也。姑擇錄其總綱建設及學位獎勵三節。以備參考。

坿教育綱要

總綱

一施行義務教育宜規畫分年籌備辦法。

二興學由造就師範編輯教科書入手。
三申明教育宗旨注重道德實利尙武並運之以實用。
四變通小學中學學制名初等小學校爲國民學校並於中學校得附設預備學校。
五各地方固有學欵宜分別保存不得移作他用並將國家地方稅項查明釐定確定學欵支出範圍。

建設

一各縣暫就原有區域劃分爲若干學區於一定期限內必須設置若干初等高等小學校。
二各縣兩等小學均令就地籌欵開辦但向由省欵或縣欵支給早經成立者不在此限。
三自中學以至大學均就目前財力可及與國內所需要者酌量設校其區畫如左。

中學校　應就現時已設之校每縣或數縣一所由省欵暨縣欵支出。

師範學校　每道各設一所或兩道合設一所由省欵支出。

女子師範學校　注重女子職業。應保持嚴肅之風紀。京師設一所。由部欵支出。每省設一所。由省欵支出。

高等師範學校　應由教育部統籌全國定爲六師範區。於其區內就適宜地點各建一校。其經費由部欵支出。

實業師範學校　每省一所。省欵支出。如有財力易集之商埠。得酌量添設。

中等實業學校　每縣或數縣一所。省欵及縣欵支出。其設科以克應本地方需要爲主。

專門農工商醫學校·除京師仍舊辦理外。其各省省會及商會繁盛之區。得按照地方需要酌量添設。由部欵或省欵支出。並獎勵地方公立或私立。

大學校全國定爲四區。就適宜地點建設。由部欵支出。

法政學校　每省設一所。由省立或地方公立。以養成自治人才爲主。

四各省公立私立各學校。宜嚴加取締。除中小學校外。凡辦理不得法者。得改設或撤廢之。就其固有基金。提充上列各校建設之用。

五高等專門以上學校。招班宜嚴定考試入學之法。不得隨意變通招考。致紊學系

學位奬勵。

學位除國立大學畢業。應按照所習科學給與學士碩士技士各字樣外。另行組織

博士會。作爲審授博士學位之機關。由部定博士會及審授學位章程暫行試辦。

此外尙有提倡經學理學及社會教育等條。以無關學制不具錄。

第五期　學校系統改革案頒布時期

一槪說

民國十年間。教育部所頒布之法令。多不勝舉。而關於學制者。實以教育宗旨。及

學校系統之規定爲根本事業。惟行之既久。教育界之主張。逐漸轉移。故民國七年。

中華教育改進社開會。有改定教育宗旨之建議。其文爲養成健全人格。發揮共和

精神。雖未經教育部頒布。而民國十年。教育會聯合會草定學校系統。其標準頗參

用此項宗旨焉。

民國元年。教育部頒布之學校系統。依然採用日本學制。逮後赴美留學者日多。

清華學校。每年選派若干人。各省亦皆選派留學歐美學生。而赴美參觀學校者。又復絡繹不絕。故民國六七年間。多盛道美國學制之善。而美國中小學校之六三三改制說。適於此時風行全國。故民國十年。第七次全國聯合會議開於廣東。其時學校系統草案。成爲一種重要議題。茲舉議決案所定之標準及學校系統圖如左。

學制系統草案

(一)根據共和國體。發揮平民教育精神。　(二)適應社會進化之需要。

(三)發展青年個性。使得選擇自由。　(四)注意國民經濟力。

(五)多留各地方伸縮餘地。　(六)使教育易於普及。

學制系圖表

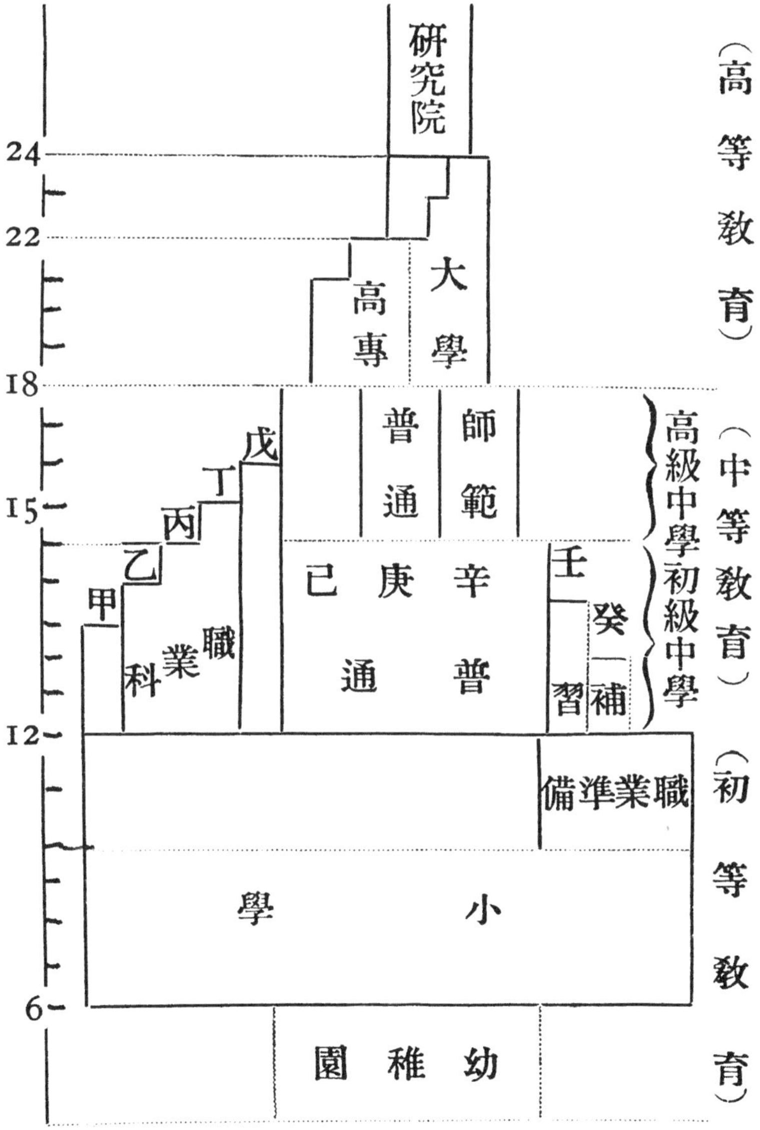
（高等教育）
（中等教育）
（初等教育）
高級中學
初級中學
研究院
大學
高專
師範
普通
甲
乙
丙
丁
戊
職業科
己
庚
辛
普通
壬
癸
補習
職業準備
小學
幼稚園
24
22
18
15
12
6

此次會議提出學制系統草案者。計十省。茲列表舉其所主張之同異如左。

各省區學制系統草學比較表

民國十年十月

	幼稚教育	初等教育	義務教育	中等教育	職業教育	師範教育	高等教育	研究院	總年期	備注
廣東	四歲至未足六歲	取一級制統稱小學校修業年限六年	以小學修業期爲最少年限用學期升級制得越級升學但最短不得過四年	初級三年高級三年用選科制	小學第四年級酌施預備職業教育中學設一年限二年限三年限之完全職業科更設漸減普通漸增職業之四年限五年	初等師範六年畢業前三年普通後三年師範或專收初級中學畢業生授三年師範科中學得兼辦師範科高師四年畢業	設單科亦得稱大學畢業期四年至六年不設預科高等專門畢業三年至四年	大學畢業得入畢業院不定修業年限高師畢業亦得入之	自小學至大學畢業十六至十八年	

	黑龍江
	小學七年五年修了可升中學後二年注重職業
	同小學年
	中學六年前四年普通後二年分升學預備及職業各科
年限之職業科於小學畢業後設補習學校	見初等教育中等教育欄小學畢業不能升中學者入補習學校二年
高級中學之師範科及普通科入之	歸納於分科中學
	大學六年預科二年本科四年專門學校預科一年本科三年邊遠得設預科二年
	十七年

甘肅	浙江	湖南
		二年
小學七年第一期四年第二期三年	小學六年	前四年後二年
同小學年	十二年	同小學年但四
中學六年初級三年分普通與職業各科高級三年分普通與農工商師各科	中學六年	中學初高兩級
見中等教育欄	職業學校預備二年本科四年職業補習學校六年	小學第四年起
同上	普通四年專科二年	高級中學設師
大學三年或四年	大學六年	大學四年至六
研究院一年或二年	大學院六年	研究院不定年
小學至大學畢業十六或十七年	小學至大學畢業十八年	小學至大學畢

（據最近草案）	江西	山西
	初級四年高級二年	國民學校六年
年後得酌設補習科	四年或六年	以國民學校爲義務教育
各三年參用分科及選科制	初級四年高級二年	職業教育國民師範教育預備
重職業陶冶中學分設職業科	分甲乙種職業學校及實業補習學校	見中等教育欄
範科	與高級中學同年期及程度	同上
年	大學本科四年高等專門三年	大學六年
限	研究科二年	研究院三年
業十六至十八年	小學至大學畢業十六年	國民學校至大學畢業十八年

	奉天	雲南
	小學六年	小學六年
	同小學年	同小學年
教育均列入旁系六年	中學五年預科二年本科三年	中學預科二年本科采分科制
	中學注重職業教育中等實業學校預科一年本科四年	歸納中學分科內
	師範中學校預科一年本科四年師範大學預科二年本科四年	師範中學預科二年本科四年
	大學預科三年本科三年或四年	大學預科二年本科四年
	十七或十八年	十八年

	福建
	國民學校七年初等四年高等三年
	以國民學校為義務教育
四年	中學普通四年分科二年
	職業學校設科及年限視地方情形定之
師範大學預科二年本科四年	師範學校六年後二年選科高等師範本科二年研究科三年
	大學本科四年研究科二年
	十九年

學制改革之議。既已風行全國。教育部亦知現行學制有改革之必要。故於民國十一年。通咨各省區定期舉行學制會議。其原文如左。

『教育部為咨行事。本部現定本年九月十五日在部舉行學制會議。意在徵集意見。為學制改進之標準。除將章程公布並分行外。相應咨請貴省長公署查照。轉行教育廳及教育會。教育科及教育會。遴選現辦教育人員各一名。於九月十日以前來部報到。以便開會。會公同研究云云。』

附學制會議章程

一　學制會議。由教育總長招集之。

二　學制會議。應議事項如左。

一學校系統。

二地方教育行政機關。

三其他教育總長交議事件。

三　學制會議由左列人員組織之。

一由各省及特別教育區教育行政機關各推選一人。

二由各省及特別區教育會各推選一人。

三國立以上學校校長。

四內務部民治司長。

五教育部參事司長。

六教育總長延聘或指派者。

四　學制會議設主席一人。副主席一人。由會員互選之。

五　學制會議幹事長一人。幹事四人。由教育總長派充。整理一切事務。

六　學制會議開會閉會日期。由教育總長酌定。

七　學制會議議決事項。由主席報告於教育總長。

八　學制會議細則。由教育部另定之。

九　學制會議閉會後。即行解散。

十　本章程於閉會後即行廢止。

學制會議自九月二十五日開會。至三十日閉會。所議決者爲學校系統改革案。縣教育行政機關組織大綱案。特別市教育行政機關組織大綱案。及省區教育行政機關設立參議會案。前三案分別由教育部頒布。第四案至今日尚未實行。然省區教育行政之參議機關。在教育界頗有主張其成立者。故幷錄其原案。以資參考焉。

省區教育行政機關設立參議會案

一參議會隸屬於省區教育行政機關。協議地方教育事宜。

二參議會參議名額。由省區教育行政長官規定。但至多不得過九人。

三參議之資格如左。

甲辦理或研究下列各種教育之一著有成績者。

1，教育行政。

2，小學教育。

3，中學教育。

4，師範教育。

5，職業教育。

6，高等教育。

乙有專門學識及經驗者。

四參議會參議由省區教育行政長官照上列資格推薦。呈請省區行政長官聘任。
轉咨教育部備案。
五參議會參議之任期定爲三年。每年遞行改選。
六參議會之職權如左。
（一）審議本省區教育進行之方針及計畫。
（二）審議本省區教育之預算決算。
（三）討論本省區教育行政長官交議事件。
（四）提議關於教育事件。
七參議會參議。均爲名譽職。但得開支赴會旅費。
八參議會參議開會時。由參議中互推一人爲主席。
九參議會參議議決事項。由省區教育行政長官核定施行。
十參議會議事規則。由參議會自定之。
二學校系統改革案之頒布

民國十一年十二月全國教育聯合會又開議於濟南。復議決學校系統。其間與學制會議所議決者略有出入。教育部乃參酌兩案頒布學校系統改革案。即今所通行者是也。茲錄其案如左。

學校系統改革案

標準

（一）適應社會進化之需要。

（二）發揮平民教育精神。

（三）謀個性之發展。

（四）注意國民經濟力。

（五）注意生活教育。

（六）使教育易於普及。

（七）多留各地方伸縮餘地。

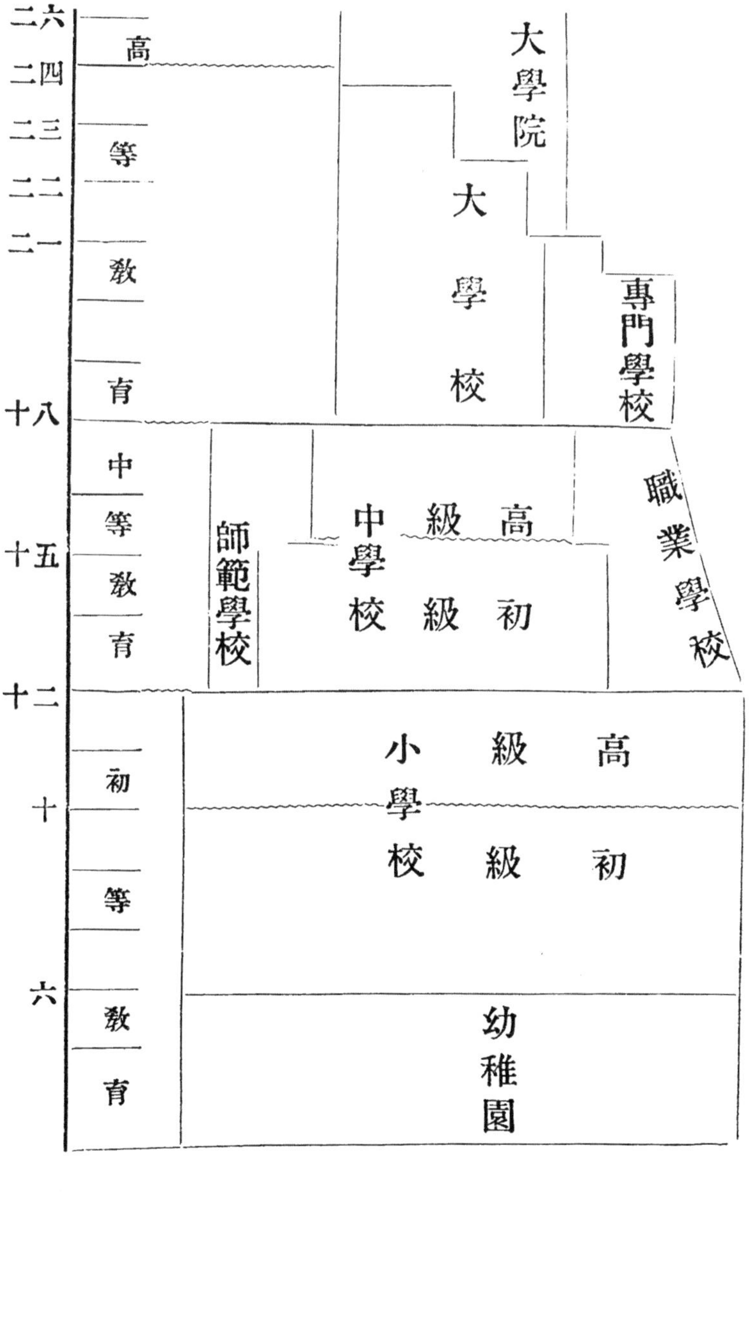

二六
二四
二三
二二
二一
十八
十五
十二
十
六
高等教育
中等教育
初等教育
大學院
大學校
專門學校
師範學校
中學校　高級　初級
職業學校
小學校　高級　初級
幼稚園

本圖左行之年齡。表示學生入學之標準。但實施時。仍以智力與成績或其他關係分別定之。

說明

一　初等教育

（1）小學校修業年限六年。

（附註一）依地方情形。得暫展長一年。

（2）小學校得分初高兩級。前四年爲初級。得單設之。

（3）義務教育年限。暫以四年爲準。各地方至適當時期得延長之。義務教育入學年齡。各省區得依地方情形自定之。

（4）小學課程。得於較高年級。斟酌地方情形。增置職業準備之教育。

（5）初級小學修了後。得予以相當年期之補習教育。

（6）幼稚園收受六歲以下之兒童。

（7）對於年長失學者。宜設補習學校。

二中等教育

(8)中學校修業年限六年。分爲初高兩級。初級三年。高級三年。但依設科性質。得定爲初級四年高級二年。或初級二年。高級四年。

(9)初級中學得單設之。

(10)高級中學應與初級中學並設。但有特別情形時。得單設之。

(11)初級中學。施行普通教育。但得視地方需要。兼設各種職業科。

(12)高級中學分普通、農、工、商、師範、家事、等科。但得酌量地方情形。單設一科、或兼設數科。

(附註一)依舊制設立之甲種實業學校。酌改爲職業學校。或高級中學農工商各科。

(13)中等教育得用選科制。

(14)各地方得設中等程度之補習學校。或補習科。其補習之種類及年限。視地方情形定之。

(15)職業學校之期限及程度得酌量各地方實際需要情形定之。

(附註三)依舊制設立之乙種實業學校酌改爲職業學校收受高級小學畢業生但依地方情形亦得收受相當年齡之修了初級小學學生。

(16)爲推廣職業教育計得於相當學校內酌設職業教員養成科。

(17)師範學校修業年限六年。

(18)師範學校得單設後二年或後三年收受初級中學畢業生。

(19)師範學校後三年得酌行分組選修制。

(20)爲補充初級小學教育之不足得酌設相當年期之師範學校或師範講習科。

三高等教育

(21)大學設數科或一科均可其單設一科者稱某科大學校如醫科大學校法科大學校之類。

(22)大學校修業年限四年至六年。各科得按其性質之繁簡於此限度內斟酌定之。醫科大學校法科大學校。修業年限至少五年。師範大學校。修業年限四年。

（附註四）依舊制設之高等師範學校。應於相當時期內。提高程度。收受高級中學畢業生。修業年限四年。稱爲師範大學校。

（23）大學校用選科制。

（24）因學科及地方特別情形。得設專門學校。高級中學畢業生入之。修業年限三年以上。年限與大學同者。待遇亦同。

（附註五）依舊制設立之專門學校。應於相當時期內提高程度。收受高級中學畢業生。

（25）大學校及專門學校。得附設專修科。修業年限不等。凡志願修習某種學術或職業而有相當程度者入之。

（26）爲補充初級中學之不足。得設二年之師範專修科。附設於大學校教育科或師範大學校。亦得設於師範學校或高級中學。收受師範學校及高級中學畢業生。

（27）大學院爲大學畢業及具有同等程度者研究之所。年限無定。

四附則

（28）注重天才教育。得變通年限及教程。使優異之智能盡量發展。

（29）對於精神上或身體上有缺陷者。應施以相當之特種教育。

以上學制之規定與學制會議議決案所出入者。尤在中學。蓋一則以三三制爲原則。一則以四二制爲原則也。現施行新學制已逾三年。除江蘇一省高級中學設置較多外。（十五年約計公私立十三所。）其餘省區設置高中者無多。不敷初級中學畢業生升學之用。故教育部最近通知各省區。凡未能多設高中者。可酌將初中年限展長一年。參照改革案第八項。作爲初級四年之中學。得考升大學預科。或應三年之高級中學第二學年編級試驗。

三縣及特別市教育局規程之頒布

逮民國十二年三月。政府復公布縣教育局規程。及特別市教育局規程。自是勸學所規程始廢止。而縣及特別市之教育行政機關亦始確有所規定矣。茲錄其條文如左。

縣教育局規程

第一條　縣設教育局以局長一人。視學及事務員若干人組織之。

前項視學事務員名額。視該縣教育事務之繁簡酌定之。

第二條　縣教育局長商承縣知事。主持全縣教育行政事宜。並督促指導屬於該縣之市鄉教育事務。

第三條　縣教育局長以合於左列資格之一者充之。

一　畢業於大學校教育科。師範大學校。或高等師範學校者。

二　畢業於師範學校。並曾任教育職務三年以上者。

三　畢業於專門以上學校。並曾任教育職務二年以上者。

四　曾任中等學校校長。或小學校校長三年以上者。

五　曾任教育行政職務五年以上。著有成績者。

第四條　縣教育局長。由縣知事就具有前條資格者推薦三人。呈請該省區教育行政長官選任。並報教育部備案。

第五條　縣教育局設董事會。董事會董事定額爲五人。但視地方教育發達情形。得增至七人或九人。

第六條　董事會董事。除由縣知事遴派縣視學一人外。其餘由縣參事會依左列標準選舉之。

一　辦理教育著有成績者二人。

一　從事實業或辦理地方公益著有聲譽者一人。

一　縣參事會參事一人。

前項第一第二兩款之董事。縣參事會參事不得兼任。

董事定額增至七人時。合於第一項第一款資格者。得選舉三人。合於第一項第二款資格者。得選舉二人。如增至九人時。合於第一項第一第二款資格者。均得選舉三人。合於第一項第三款資格者。得選舉二人。

各縣在未成立自治團體以前。縣教育局董事會董事。除由縣知事遴派縣視學一人外。其餘由教育局長依本條第一項第一第二兩款規定之資格。加倍推薦呈請縣知事選任。

第七條　縣參事會選出之董事。其任期爲三年。但縣參事會參事。應以其參事任期爲任期。

依前條第三項推選之董事。其任期亦爲三年。

第八條　董事會之職權如左。

一　審議縣教育之方針及計畫。

二　籌畫縣教育經費及保管縣教育財產。

三　審核縣教育之預算決算。

四　議決縣教育局長交議事件。

五　提議關於縣教育事項。

第九條　董事均爲名譽職。但開會時得由縣教育局酌給赴會旅費。

第十條　董事會開會時縣教育局長得出席會議。但不加入表決之數。

第十一條　全縣市鄉。應由縣教育局酌劃學區。每區設教育委員一人。受縣教育局長指揮。辦理本學區教育事務。

第十二條　市鄉學區教育委員由縣教育局長就素有教育學識經驗者選任之。

附則

第十三條　本規程頒布後。勸學所規程應即廢止。

第十四條　各縣遇有特別情形。得酌量變通辦理。但須呈請教育總長核准。

第十五條　本規程自公布日施行。

特別市教育局規程

第一條　特別市教育局。以局長一人視學及事務員若干人組織之。

前項視學事務員名額。視該市教育事務之繁簡酌定之。

第二條　特別市教育局長。商承市長主持全市教育行政事宜。

第三條　特別市教育局長。由市長遴選三人。呈請該省區教育行政長官選任。並呈報教育部備案。京都市教育局長由市長遴選三人呈請教育總長選任。

第四條　特別市教育局長之資格。準用縣教育局規程第三條第一二三三欵之規定。

第五條　特別市教育局設董事會董事。定額九人。除由市長遴派市視學一人外。其餘由市參事會依左列標準選舉之。

一　辦理教育著有成績者三人。

一　從事實業或辦理地方公益著有聲譽者三人。

一　市參事會名譽參事員二人。

第六條　市參事會選出之董事。除市參事會名譽參事員以參事員任期爲任期外。其他均以三年爲任期。

第七條　董事會之職權如左。

一　審議市教育之方針及計畫。

二　籌畫市教育經費及保管市教育財產

三　審核市教育之預算決算。

四　議決市教育局長交議事件。

五　提議關於市教育事項。

第八條　縣教育規程第九條及第十條之規定本規程均適用之。

第九條　特別市應由市教育局酌劃學區每學區設教育委員一人受市教育局長之指揮。辦理本學區教育事務。

第十條　特別市教育委員由市教育局長就素有教育學識經驗者選任之。

第十一條　本規程自公布日施行。

四　新學制課程標準之製定

學校系統改革案之條文根據於第八次全國教育會聯合會之建議。而全國教育會聯合會同時復提議組織新學制課程標準起草委員會議決簡則四條如下。(一)組織、由大會推選五人組織委員會。酌請專家擬定之(二)期限、以四個月爲準。(三)經費、省區教育會分別擔任。(四)辦法、由本聯合會將提出課程各案交由委員會審定標準。通信各省區徵求意見定期函復復到後再加釐訂送交聯合會事務所。陳送教育部。並告各省區。當投票選舉會員五人十月在北京開第一次委員會。議定進行程序。由五委員就北京、南京、廣州、浙江、四處。擬一高中初中小學橫行的標準。及縱的限度。十二月在南京開第二次委員會。邀請各專家列席。就各處所擬之標準及限度。共同討論。通過中小學畢業標準。分中小學兩組。編定各學科課程要旨。分請專家草擬各科目課程綱要。十二年四月。在上海開第三次委員會。將小學初中各科目課程綱要逐加覆訂。對於高中復請專家重加討論。六月在上海繼續開會。覆訂小學、初中、各科目綱要。並覆訂高中課程總綱。完全刊布。茲將當時所刊布之新學制課程綱要總說明。附載其大略於左。

一、小學課程分爲國語、算術、衛生、公民、歷史、地理、（前四年衛生公民歷史地理合併爲社會。）自然、園藝、工用藝術、形象藝術、音樂、體育等十一科目附表一。

學科目		國語				算術	衛生	公民	歷史	地理	自然	園藝	工用藝術	形象藝術	音樂	體育
		語言	讀文	作文	寫字											
百分比	初級小學	30				10	社會 20				12		7	5	6	10
	高級小學	6	12	8	4		4	4	6	6	8	4				

二、初級中學課程。分爲社會科。（公民歷史地理）言文科。（國語外國語。）算

學科、自然科、藝術科、(圖畫手工音樂。)體育科、生理衞生、體育等 六學科 附表二

學科	共計	體育科		藝術科			自然科	算術科	言文科		社會科		
		體育	生理衞生	音樂	手工	圖畫			外國語	國語	地理	歷史	公民
學分	164	12			12		16	30	36	32	8	8	6

初級中學畢業。共須修滿一百八十學分。除必修科百六十四分外。新的學分得選他種科目或補習必修科目。

三、高級中學課程內容約分三部分(1)公共必修科(2)分科專修科(3)純粹選修科

高級中學得分設下列各科(1)普通科分為兩組(甲)第一組(注重文學及社會

科學）（乙）第二組（注重數學及自然科學）（2）職業科分爲數科（甲）師範科（乙）商業科（丙）工業科（丁）農業科（戊）家事科　附表三

高級中學普通科第一組課程簡表如下

科		目	學分
1. 公共必修的	1. 國語		16
	2. 外國語		16
	3. 人生哲學		4
	4. 社會問題		6
	5. 文化史		9
	6. 科學概論		6
	7. 體育	(甲)衛生法 (乙)健身法 (丙)其他運動	10
2. 分科專修的	1. 必修的	1. 特設國文	8
		2. 心理學初步	3
		3. 論理學初步	3
		4. 社會學之一種	4（至少）
		5. 自然科或數學之一種	6（至少）
	2. 選修的		32（或更多）
3. 純粹選修的			30（或更少）

畢業學分總額150

高級中學普通科第二組課程簡表如下

科目			學分
1。公共必修的	1. 國語		16
	2. 外國語		16
	3. 人生哲學		4
	4. 社會問題		6
	5. 文化史		6
	6. 科學概論		6
	7. 體育(仝第一組)		10
2. 分科專修的	1. 必修的	1. 三角	3
		2. 高中幾何	6
		3. 高中代數	6
		4. 解析幾何大意	3
		5. 用器畫	4
		6. 物理化學生物三項選習二項每項六學分	12(至少)
	2. 選修的		23(或更多)
3. 純粹選修的			30(或更少)

畢業學分總額　150

以職業爲主要之各科。其課程除公共必修的。已於上文規定外。所有分科專修的及純粹選科的科目。由各校照實際情形定之。

此外又有師範課程綱要。師範教育依學校系統改革令有五種主要之規定。（一）高等中學師範科課程。（二）六年師範學校課程。（三）單設後三年之師範學校課程。（四）相當年期之師範學校課程。（五）師範專修課程。茲舉高中師範後三年公用課程標準及六年師範課程標準以見其略云。

附高中師範科師範後三年公用課程標準草案

（一）師範學校前三年課程。與初中相同。但依地方特殊情形。對於各科目分量。得酌加增減。並於第三年級添設教育入門一門。凡有初中學生。希望畢業後學習師範者。亦須於初中第三年級選修教育入門。

（二）師範學校後三年。與高級中學師範科課程相同。其內容分析如下。

（甲）公共必修科目。（除高中公共必修科外加音樂科）

1.國語	16學分
2.外國語	16……
3.人生哲學	4……
4.社會問題	6……
5.世界文化史	6……
6.科學概論	6……
7.體育	10……
8.音樂	4學分

共68學分

(附註)各師範學校。因經濟人才及地方特別需要。對於公共必修科。得略事伸縮。例如外國語得酌免必修。而列入純粹選修。但願習英文者。至少須修滿十六學分。又如世界文化史。得將中國史及外國史分教。又在第一組選修中國史及西洋近代史者。得免修世界文化史。在第二組選修物理化學或生物學礦物地質者。得免修科學概論。在第三組選修音樂者。免修公共必修科之音樂一門。

(乙)師範專修科目(包括必修選修兩種)

（子）必修科目

1.心理學入門	2.學分
2.教育心理	3.學分
3.普通教學法	2.…… ……
4.各科教學法	6.………
5.小學各科教材研究	6.………
6.教育測驗與統計	3.學分
7.小學校行政	3.…… ……
8.教育原理	3.………
9.實習	20………

共48學分

（附註一）教材研究內言文科、社會學科、自然學科、算學科、藝術科、體育科、各一學分。

（附註二）各學校因經濟人才及地方特別需求。對於上列必修科目得略加伸縮。

（丑）選修科目（包括分組選修及自由選修兩種）

（天）分組選修科目。（按地方情形得先設一組或數組。並得於下列各組外另設他組）例如職業教員組複式班教員組幼稚園教員組小學前四年教員組等。

（a）第一組選修科目（選修此組者。注重言文及社會科學）。

1.選修國語	8學分
凡選修第一組者必須修此科	
2.選修外國語	8學分
3.本國史	6學分
4.西洋近代史	4學分
5.地學通論	4學分
6.政治概論	3.學分
7.經濟概論	3.學分
8.鄉村社會學	3學分

（附註）認定本組者。至少於上列科目中選習二十學分。此外得於他組選修科目。及純粹選修科目中。選習若干學分。又各科分量。得依地方情形。酌量增減。

（B）第二組選修料目。（選修是科者注重數學及自然科學）

1.算術(包珠算)	8學分
2.代數	6學分
3.幾何	6學分
4.三角	3學分
5.物理學	6學分
6.化學	6學分
7.生物學	6學分
8.鑛物地質學	4學分
9.園藝學	4學分
10.農業大意	6學分

(附註)適用第一組附註二

(C)第三組選修科目(選修此組者注重藝術體育)

1.圖畫	8學分
2.手工	8學分
3.音樂	8學分
4.體育	6學分
5.家事	8學分

（附註）適用第一組附註二

（地）教育選修科目（至少選8學）

1.教育史	4學分
2.鄉村教育	3學分
3.職業教育概論	3學分
4.兒童心理學	4學分
5.教育行政	3學分
6.圖書館管理法	3學分
7.現代教育思潮	3……
8.幼稚教育	6……
9.保育學	3學分

（丙）純粹選修科目

由學校自定。（學分不定）

附六年師範課程標準

學科	科目	學分	一	二	三	四	五	六	七	八	九	十	十一	十二
		學年	1		2		3		4		5		6	
社會科	公民	6	1	1	1	1	1	1						
	歷史	14	2	2	2	2	3	3						
	地理	14	2	2	2	2	3	3						
	人生哲學	4											2	2
	社會問題	6									3	3		
言文科	國語	54	5	5	5	5	5	5	4		4	4	4	4
	外國語	52	6	6	6	6	4	4		4	3	3	3	3
算學科	算術	12	5	5										
	珠算		1	1										
	代數	8			5	3								
	幾何	5					5							
	幾何（立體）	2						2						
	三角（平）	3							3					
自然科	混合理科	16		4	4	4								
	生物學	6							3	3				
	化學	6									3	3		
	物理	6											3	3

藝術科	手工 圖畫 音樂	8 8 8	2	2	2	2	2	2	2	2	2	2	2	2
體育科	體育	22	2	2	2	2	2	2	2	2	2	2	I	I
	生理衞生	4					2	2						
教育科	教育入門	4				2	2							
	教育心理學	3							3					
	心理學入門	2						2						
	教學法	8							2	3	3			
	小學校行政	3										3		
	教育測驗及統計	3										3		
	小學各科教材研究	6								3	3			
	職業教育概論	3											3	
	教育原理	3												3
	教育實習	20							2	3	3	3	4	5
必修學分		319	30	30	29	29	29	26	25	24	26	26	22	23
選修學分		11												
共計		330												

又學校系統改革案。於職業科尤爲注重。職業教育所包涵者計有五種。(一)高級中學職業科。(二)初級中學職業科。(三)職業學校。(四)大學職業專修科。(五)小學職業預科。惟職業教育。各地各業之特殊情狀。不能强同。故開會三年。標準雖具。而課程無法規定。茲載其學程年限於後以備參考。

各級各科職業科年限圖

至大學專門學校之課程。此種委員會從未議及。現行辦法。依然準照民國新學制。參以各校之意見。呈部核定其新規畫之中小學校及師範業職學校課程。各省多數倣行。由教育部隨時核准云。

五最近學制之變更

最近教育部所注意者。尤在大學專門教育。及中等教育程度之提高。故所頒布各章程。多趨重此點。茲擇舉其重要之規程及辦法列左。

甲　國立大學校條例民國十三年

第一條　國立大學校。以教授高深學術。養成碩學閎材。應國家需要爲宗旨。

第二條　國立大學校分科。爲文理法醫農工商等科。

第三條　國立大學校得設數科或單設一科。

第四條　國立大學校。各科分設各學系。

第五條　國立大學校。收受高級中學校畢業生。或具有同等資格者。

國立大學校錄取學生。以其入學試驗之成績定之。

第六條　國立大學校。修業年限四年至六年。其課程得用選科制。

第七條　國立大學校學生修業完畢試驗及格者。授以畢業證書稱某科學士。

第八條　國立大學校設大學院。大學校畢業生、及具有同等程度者入之。

大學院生研究有成績者得依照學位規程。給予學位。

學位規程另訂之。

第九條　國立大學校設圖書館、觀測所、實習場試驗室等。

第十條　國立大學校得附設各項專修科及學校推廣部。

第十一條　國立大學校。設校長一人。總轄校務。由教育總長聘任之。

第十二條　國立大學校設正教授教授。由校長延聘之。

國立大學校得延聘講師。

第十三條　國立大學校得設董事會。審議學校進行計畫。及預決算暨其他重要事項。以左列人員組織之。

（甲）例任董事。　校長。

（乙）部派董事。　由教育總長就部員中指派者。

（丙）聘任董事。　由董事會推選呈請教育總長聘任者。　第一屆董事。由教育總長直接聘任。

國立大學校董事會議决事項。應由校長呈請教育總長核准施行。

第十四條　國立大學校設評議會評議學校內部組織。及各項章程。暨其他重要事項。以校長及正教授教授互選若干人組織之。

第十五條　國立大學校各科各學系及大學院。各設主任一人。由正教授或教授兼任之。

國立大學校遇必要時得設教務長一人。由正教授或教授兼任之。

第十六條　國立大學校設教務會議。審議學則及關於全校教學訓育事項。由各科各學系及大學院之主任組織之。

第十七條　國立大學校各科各學系及大學院。各設教授會。規畫課程及其進行事宜。各以本科本學系及大學院之正教授教授組織之。

各科系規劃課程時。講師並應列席。

第十八條　國立大學校圖書館、觀測所、實習場、試驗室、等。各設主任一人。以正教授或教授兼任之。

第十九條　國立大學校得分設事務各課。辦理各項事宜。

第二十條　本條例自公布日施行。

附則

第一條　高級中學校未遍設以前。國立大學校得暫設預科。收受舊制中學及初級中學校畢業生。其修業年限在四年制畢業者二年。在三年制畢業者三年。

第二條　私立大學校。應參照本條例辦理。

第三條　大學令大學規程。自本條例施行日起廢止之。

自此項條例頒布後。公文程式亦略變更。除教育部通行分行之公文用訓令及對於直轄各校呈請事項用指令外。其對於國立學校校長諮詢事項。以公函行之。

乙　私立專門以上學校認可條例

第一條　私立專門以上學校。遵照私立大學規程、及公立私立專門學校規程。呈請教育總長認可時。應遵照本條例辦理。

第二條　私立專門以上學校。於開辦前。應遵照私立大學規程第一條第二條第三條或私立專門學校規程第二條第三條第四條。詳具事項表册呈請教育總長核辦。

第三條　私立專門以上學校。依前條之規定。呈請教育總長核辦時。應遵照私立專門以上學校及學會請求註册費徵收條例。隨文繳納註册費。

第四條　私立專門以上學校。應於開學後三個月內。將辦理情形詳具表册呈報教育總長。經派員視察後。認爲校址、校舍、學則、學科分配、職教員資格、學生資格、經濟狀況、及各項設備、均無不合者。由部批准試辦。以三年爲試辦期。

第五條、批准試辦之私立專門以上學校。應於每學年開始後。遵照部章將校內各項詳細情形呈報教育總長。

第六條　批准試辦之私立專門以上學校。在試辦期內。教育總長認爲辦理不合者。得令其停止試辦。

第七條　批准試辦之私立專門以上學校。確係參照國立大學校條例。或遵照專門學校令及各專門學校規程辦理。並於試辦期滿後。具備左例各項條件者。由教育總長正式認可之。

一有自置之相當校舍。

二有確定之基金在五萬元以上。

三經部派員考試學生成績優良。

第八條　本條例自公布日施行。

此外外人捐資設立學校。亦與本國各私立學校一律待遇。因近來此類學校。向所在地之教育官廳商請立案者日見其多。故教育部特訂一種統一辦法。茲附舉其辦法如左。

外人捐資設立學校請求認可辦法

一凡外人捐資設立各等學校。遵照教育部所頒布之各等學校法令規程辦理者。

得依照教育部所頒關於請求認可之各項規則。向教育行政官廳請求認可。

二學校名稱上應冠以私立字樣。

三學校之校長。須爲中國人。如校長原係外國人者。必須以中國人充任副校長。即爲請求認可時之代表人。

四學校設有董事會者。中國人應占董事名額之過半數。

五學校不得以傳布宗教爲宗旨。

六學校課程。須遵照部定標準。不得以宗教科目列入必修科。

丙　提高中等學校教員程度

十三年十二月教育部文稱自學校系統改革案頒行以來。各處初級中學逐漸成立。此項初級中學程度。略與舊制中學之一二三各學年相同。各處初中所聘教員。自應比照辦理。並應查照本部民國十年二月通行各省區成案。遇有新聘教員。應就高等師範畢業生儘先任用。以期教育之改進。近查各省區所報初級中學教員名册。多與前項資格不符。殊非愼選師資提高程度之道。嗣後各初級中學新聘教員。應儘先選聘高等師範。或師範大學畢業生。及其他專門以上學校畢業生。以免有名無實之弊云云。

至如小學教育因戰事關係無大改進。惟平民教育促進會進行平民教育。略著成績其會章純繼屬私人組織。第呈請教育部備案而已。

丁　設立出版品國際交換局

民國十年。國際聯合會行政院。曾依據智育互助委員會之請。通告凡未簽字一八八六年比美等國在比京簽訂之國際交換公牘科學文藝出版品公約及國際快捷交換官報與議院紀錄及文牘公約各國。商令加入。經教育部核議可與完全加入。並由部提交國務會議議決。遂組織此局。附設於教育部內。

附清季至民國十二年全國學生人數比較表

年期	小學學生數	中等學生數	大學專門學生數	總計
光緒二十八年	八五九	四一五		一二七四
光緒三十一年（學部未設以前）	一七三·八四三	一九·六九三	三·九六一	一九七五〇一
宣統元年	一四六九·四一二	八〇·三七六	一八·四二九	一五六八二一七
民國十二年	六·六〇一·八〇二	一八二·八〇四	三四·八八〇	六·八一九·四八六

勘誤表

頁數	行數	誤	正
二	十三	鋒	蜂
三五	五	(七)	七
四三	一	寄宿舍	寄宿舍監督
五六	六	貪	貧
五七	十	古考今	考古今
同上	同上	政	疏
六二	十一	方	力
七三	三	響	嚮
七六	四	墊	塾
一〇一	六	屬	應
一二一	九	三	一二
一二二	四	鋒	蜂
一二九	七	丙午	丙午
一三三	二	鄕	鄉
一三五	十三	育令	育會
一三九	三	局	所
一四九	八	不成	不能
一七二	四	荐	洊
一八八	二	草學	草案
二三二	四	純繼	純